思想政治实践课

主　编　邓江武　杨小军　王梦悦　何挺江
副主编　孙　萌　王长红　高　庆　廖轶凡
　　　　贾　薇　杨梦微　黄芳萍　江　云
　　　　郑晓雨　廖泽兴

中国言实出版社

图书在版编目（CIP）数据

思想政治实践课 / 邓江武等主编 . — 北京 : 中国言实出版社 , 2023.6
ISBN 978-7-5171-4527-1

Ⅰ . ①思… Ⅱ . ①邓… Ⅲ . ①毛泽东思想—高等学校—教材②中国特色社会主义理论体系—高等学校—教材 Ⅳ . ① A84 ② D610

中国国家版本馆 CIP 数据核字（2023）第 116207 号

思想政治实践课

责任编辑：史会美
责任校对：王建玲

出版发行：中国言实出版社
地　址：北京市朝阳区北苑路180号加利大厦5号楼105室
邮　编：100101
编辑部：北京市海淀区花园路6号院B座6层
邮　编：100088
电　话：010-64924853（总编室）　010-64924716（发行部）
网　址：www.zgyscbs.cn　电子邮箱：zgyscbs@263.net

经　销：新华书店
印　刷：廊坊市广阳区九洲印刷厂
版　次：2023年8月第1版　2023年8月第1次印刷
规　格：787毫米×1092毫米　1/16　11.25印张
字　数：176千字

定　价：39.90元
书　号：ISBN 978-7-5171-4527-1

前言

本书是以高等教育出版社《毛泽东思想和中国特色社会主义理论体系概论（2023年版）》教材的逻辑结构为脉络，围绕教材的新思想、新观点、新论断，联系学生实际，以丰富翔实的教学模块呈现，引导学生把握教学内容，启发学生学习思考，拓展学生学术视野，提高学生理论思维能力和实践能力，增强思想政治理论课的实效性。

本书包括导论、毛泽东思想及其历史地位、新民主主义革命理论、社会主义改造理论、社会主义建设道路初步探索的理论成果、中国特色社会主义理论体系的形成发展、邓小平理论、“三个代表”重要思想、科学发展观等章节。除导论外每章均设有学习引导、知识概括、学习自测、实践进行时、拓展阅读五个模块，从而使本书具有较强的针对性、指导性和实用性。

由于编者水平有限，书中如有不当之处，敬请广大读者批评指正。

编　者

目录 CONTENTS

导论

马克思主义中国化时代化的历史进程与理论成果

马克思主义是指导我们改造客观世界和主观世界的锐利思想武器。马克思主义自从传入中国，就开启了其中国化的历程。中国共产党坚持马克思主义基本原理同中国具体实际相结合、不断推进马克思主义中国化时代化，为中国革命、建设、改革提供了强大思想武器，创造了新民主主义革命、社会主义革命和建设、改革开放和社会主义现代化建设、新时代中国特色社会主义的伟大成就，书写了中华民族几千年历史中最恢宏的史诗。

一、马克思主义中国化时代化的提出

中华民族有五千多年的文明历史，创造了灿烂的中华文明，为人类文明进步作出了重大贡献。1840 年鸦片战争以后，由于西方列强的入侵和封建统治的腐败，中国逐步成为半殖民地半封建社会，国家蒙辱、人民蒙难、文明蒙尘，中华民族遭受了前所未有的劫难。

中国社会向何处去？中国的出路究竟在哪里？各种思潮竞相发声，包括改良主义、自由主义、社会达尔文主义、无政府主义、实用主义、民粹主义、工团主义等“你方唱罢我登场”，但都未能解决中国的实际问题，未能改变旧中国的社会性质和中国人民的悲惨命运。中国迫切需要新的思想引领救亡运动，迫切需要新的组织凝聚革命力量。

十月革命一声炮响，给中国送来了马克思列宁主义，给苦苦探寻救亡图存出路的中国人民指明了前进方向、提供了全新选择。五四运动促进了马克思主义在中国的广泛传播。在中国人民和中华民族的伟大觉醒中，在马克思列宁主义同中国工人运动的紧密结合中，1921 年中国共产党应运而生。中国产生了共产党，这是开天辟地的大事变，中国革命的面貌从此焕然一新。中国共产党从成立之日起，就明确把马克思列宁主义确立为指导思想。

马克思主义必须中国化才能落地生根、本土化才能深入人心。以毛泽东同志为主要代表的中国共产党人逐渐认识到，必须从中国实际出发，实现马克思主义中国化。

1938 年，毛泽东在党的六届六中全会上作《论新阶段》报告时指出，没有抽象的马克思主义，只有具体的马克思主义。马克思主义的中国化，使之在其每一表现中都带着中国的特性，即是说，按照中国的特点去应用它，成为全党亟待了解并亟须解决的问题。这是“马克思主义的中国化”这一命题正式提出的标志。

马克思主义中国化同时包含着马克思主义时代化的意蕴。我们党自成立以来，始终坚持把马克思主义基本原理同中国具体实际和时代特征相结合，不断进行理论创新。党的十八大以来，以习近平同志为核心的党中央明确提出要不断推进马克思主义中国化时代化。2021 年，党的十九届六中全会通过的《中共中央关于党的百年奋斗重大成就和历史经验的决议》总结了百年来中国共产党推进马克思主义中国化时代化的重大成就，阐释了马克思主义中国化时代化的重大历史意义。2022 年，党的二十大明确把“不断谱写马克思主义中国化时代化新篇章”作为当代中国共产党人的庄严历史责任，并提出了继续推进马克思主义中国化时代化的新要求。

二、马克思主义中国化时代化的内涵

马克思主义中国化时代化的科学内涵，具体包含三层意思：

运用马克思主义的立场、观点和方法，观察时代、把握时代、引领时代，解决中国革命、建设、改革中的实际问题。

总结和提炼中国革命、建设、改革的实践经验并将其上升为理论，不断丰富和发展马克思主义的理论宝库，赋予马克思主义以新的时代内涵。

运用中国人民喜闻乐见的民族语言来阐述马克思主义，使其植根于中华优秀传统文化的土壤之中，具有中国特色、中国风格、中国气派。

三、马克思主义中国化时代化的历史进程

中国共产党的历史，是一部不断推进马克思主义中国化时代化的历史，是一部不断推进理论创新、进行理论创造的历史。

毛泽东思想是马克思主义中国化时代化的第一次历史性飞跃。

中国特色社会主义理论体系实现了马克思主义中国化时代化新的飞跃。

习近平新时代中国特色社会主义思想实现了马克思主义中国化时代化新的飞跃。

四、马克思主义中国化时代化理论成果及其关系

在马克思主义中国化时代化的历史进程中，产生了毛泽东思想、邓小平理论、“三个代表”重要思想、科学发展观、习近平新时代中国特色社会主义思想。在新民主主义革命、社会主义革命和建设时期创立的毛泽东思想，是马克思列宁主义在中国的运用和发展，是被实践证明了的关于中国革命和建设的正确的理论原则和经验总结，是中国共产党集体智慧的结晶。改革开放以来形成的中国特色社会主义理论体系是指导党和人民沿着中国特色社会主义道路实现中华民族伟大复兴的正确理论，是立于时代前沿、与时俱进的科学理论。党的十一届三中全会以后，以邓小平同志为主要代表的中国共产党人创立的邓小平理论，是中国特色社会主义理论体系的开篇之作；党的十三届四中全会以后，以江泽民同志为主要代表的中国共产党人形成的“三个代表”重要思想，推动了中国特色社会主义理论体系的跨世纪发展；党的十六大以后，以胡锦涛同志为主要代表的中国共产党人形成的科学发展观，实现了中国特色社会主义理论体系在新世纪新阶段的新发展。党的十七大提出了“中国特色社会主义理论体系”的科学概念，把改革开放以来我们党在实践中相继形成的邓小平理论、“三个代表”重要思想以及科学发展观等重大战略思想一道作为中国特色社会主义理论体系的重要组成部分，标志着中国特色社会主义理论和实践的进一步成熟。党的十八大以来，以习近平同志为主要代表的中国共产党人创立了习近平新时代中国特色社会主义思想，谱写了新时代中国特色社会主义新篇章。

马克思主义中国化时代化的理论成果是一脉相承又与时俱进的关系。毛泽东思想所蕴含的马克思主义的立场、观点和方法，为中国特色社会主义理论体系提供了基本遵循。中国特色社会主义理论体系在新的历史条件下进一步丰富和发展了毛泽东思想。

毛泽东思想和中国特色社会主义理论体系，都是马克思列宁主义在中国的运用

和发展，都以独创性的理论成果丰富和发展了马克思主义的理论宝库。毛泽东思想、邓小平理论、“三个代表”重要思想、科学发展观、习近平新时代中国特色社会主义思想同马克思列宁主义一起，都是党和国家必须长期坚持的指导思想，是全国各族人民团结奋斗的共同思想基础。

五、学习本课程的要求和方法

（一）学习本课程的要求

开设“毛泽东思想和中国特色社会主义理论体系概论”课程，目的是使大学生对中国共产党领导人民进行革命、建设、改革的历史进程、历史变革、历史成就有更加全面的了解；对中国共产党坚持把马克思主义基本原理同中国具体实际相结合、同中华优秀传统文化相结合，不断推进马克思主义中国化时代化有更加深刻的理解；对马克思主义中国化时代化进程中形成的理论成果有更加准确的把握；对运用马克思主义立场、观点和方法认识问题、分析问题和解决问题的能力有更加明显的提升。根据这门课程的基本要求，本教材以马克思主义中国化时代化为主线，充分反映中国共产党不断推进马克思主义基本原理同中国具体实际相结合、同中华优秀传统文化相结合的历史进程和基本经验，集中阐述马克思主义中国化时代化理论成果的形成过程、主要内容、精神实质、历史地位、指导意义。需要说明的是，本教材重点阐述毛泽东思想、邓小平理论、“三个代表”重要思想、科学发展观。习近平新时代中国特色社会主义思想在《习近平新时代中国特色社会主义思想概论》教材中系统阐述。

（二）教材的结构体系

本教材在结构上除了导论外，由八章组成。其中，第一章到第四章分别阐述毛泽东思想及其历史地位、新民主主义革命理论、社会主义改造理论、社会主义建设道路初步探索的理论成果。第五章到第八章分别阐述中国特色社会主义理论体系的形成发展，邓小平理论、“三个代表”重要思想、科学发展观的主要内容和历史地位。

（三）用好教材、学好课程的方法

1. 掌握基本理论

深刻认识马克思主义中国化时代化理论成果的时代意义、理论意义、世界意义，全面理解马克思主义中国化时代化理论成果的科学内涵、理论体系、思想精髓、精神实质、实践要求，深刻认识中国化时代化马克思主义既一脉相承又与时俱进的理论品质，系统把握马克思主义中国化时代化理论成果所蕴含的马克思主义立场、观点和方法，坚定中国特色社会主义道路自信、理论自信、制度自信、文化自信，增进政治认同、思想认同、情感认同。

2. 培养理论思维

学习把握理论背后的思想，思想之中的战略，以及战略之中蕴含的智慧，从而得到思想的启迪、战略的启蒙和智慧的启示。要原原本本学习和研读经典著作，读原著、学原文、悟原理，带着思考学、带着问题学，做到学有所思、学有所悟、学有所得，不断提高自己的思想理论水平，不断提高分析问题、解决问题的能力。

3. 坚持理论联系实际

紧密联系党史、新中国史、改革开放史、社会主义发展史、中华民族发展史，紧密结合进行伟大斗争、建设伟大工程、推进伟大事业、实现伟大梦想的伟大实践，紧密结合全面建设社会主义现代化国家的实际，紧密联系自己的思想实际，把理论与实践、理想与现实、主观与客观、知与行有机统一起来，自觉投身于中国特色社会主义伟大实践，为实现中华民族伟大复兴作出应有的贡献。

第一章

毛泽东思想
及其历史地位

学习引导

学习目标

（1）掌握毛泽东思想形成发展的历史条件。

（2）了解毛泽东思想形成发展的过程。

（3）理解并掌握毛泽东思想的主要内容和活的灵魂。

（4）科学认识毛泽东思想的历史地位。

学习重点

（1）毛泽东思想形成发展的历史条件。

（2）毛泽东思想的主要内容和活的灵魂。

学习难点

（1）毛泽东思想活的灵魂。

（2）毛泽东思想的历史地位。

知识概括

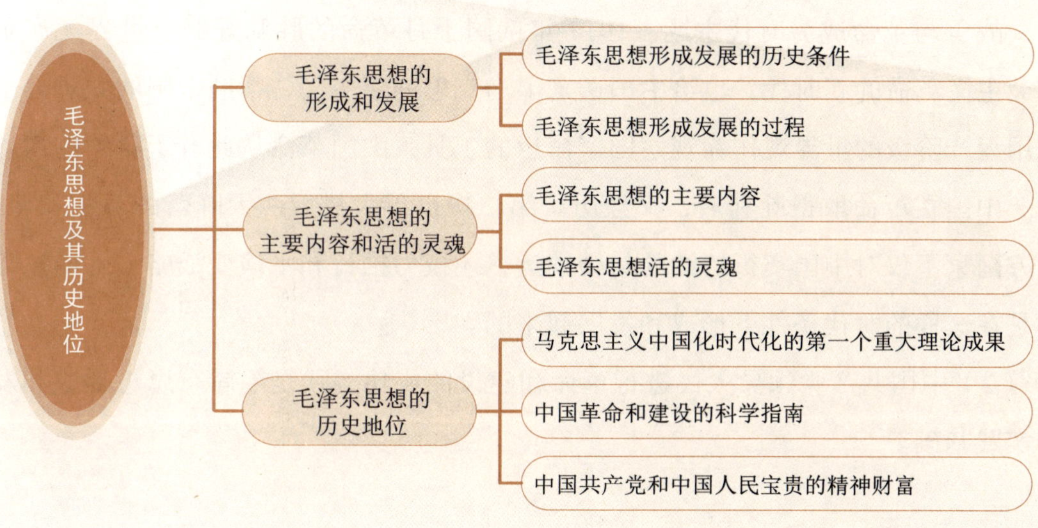
毛泽东思想及其历史地位
毛泽东思想的形成和发展
毛泽东思想形成发展的历史条件
毛泽东思想形成发展的过程
毛泽东思想的主要内容和活的灵魂
毛泽东思想的主要内容
毛泽东思想活的灵魂
毛泽东思想的历史地位
马克思主义中国化时代化的第一个重大理论成果
中国革命和建设的科学指南
中国共产党和中国人民宝贵的精神财富

一、毛泽东思想的形成和发展

（一）毛泽东思想形成发展的历史条件

（1）19 世纪中叶，马克思、恩格斯在深入考察和研究资本主义社会基本矛盾的基础上，提出唯物史观和剩余价值学说，为社会主义思想奠定了科学理论基础，创立了科学社会主义。19 世纪末 20 世纪初，世界进入帝国主义和无产阶级革命时代，战争与革命成为时代主题。1917 年俄国十月革命的胜利开辟了世界无产阶级社会主义革命的新时代，也给中国送来了马克思列宁主义，帮助中国的先进分子开始用无产阶级的世界观作为观察国家命运的工具，中国革命从此有了科学的指导思想。中国在革命取得胜利后，又经历了第二次世界大战后两大阵营的对立和斗争，西方国家不仅对中国实行持续的封锁禁运，还极力推行和平演变战略。毛泽东思想正是在这样的时代条件下形成和发展起来的。

（2）中国共产党领导人民进行革命和建设的成功实践是毛泽东思想形成和发展的实践基础。

（二）毛泽东思想形成发展的过程

1. 毛泽东思想的形成

大革命时期，毛泽东以马克思列宁主义为指导，深入实际调查研究，明确指出无产阶级领导农民斗争的极端重要性，解决了无产阶级领导权的中心问题，即如何领导农民斗争的问题。关于新民主主义革命基本思想的提出，标志着毛泽东思想开始萌芽。

土地革命战争时期，党从残酷的现实斗争中认识到，夺取中国革命胜利，就必须坚持以武装的革命反对武装的反革命。由于敌我力量悬殊，党迫切需要找到适合中国国情的革命道路。从进攻大城市转为向农村进军，是中国革命具有决定意义的新起点。

毛泽东在《中国的红色政权为什么能够存在？》《井冈山的斗争》《星星之火，可以燎原》《反对本本主义》等著作中，指出了中国革命的发展规律是：将党的工作重点从城市转入农村，在农村开展游击斗争，进行土地革命，建立红色政权，把落后的农村变为先进的革命根据地；依托这样的农村革命根据地去反对依靠城市进攻农村的强大敌人，进而以农村包围城市，以便在长期斗争中逐步锻炼、积累、发展革命的力量，逐步削弱敌人的力量；直到敌我力量强弱发生转化，再攻占中心城市，夺取全国政权和全国革命的胜利。毛泽东提出并深入阐述的农村包围城市、武装夺取政权的思想，对红军和农村革命根据地的建立、巩固和发展发挥着根本指导作用，标志着毛泽东思想的初步形成。

2. 毛泽东思想的成熟

在党的历史上，遵义会议是一次具有伟大转折意义的重要会议。这次会议在红军第五次反“围剿”失败和长征初期严重受挫的历史关头召开，事实上确立了毛泽东同志在党中央和红军的领导地位，开始确立以毛泽东同志为主要代表的马克思主义正确路线在党中央的领导地位，开始形成以毛泽东同志为核心的党的第一代中央领导集体，开启了党独立自主解决中国革命实际问题的新阶段，在最危急关头挽救了党、挽救了红军、挽救了中国革命。

遵义会议以后，毛泽东在对革命实践经验和教训科学总结的基础上，系统阐述了新民主主义革命理论，实现了马克思主义与中国革命实践相结合的历史性飞跃，标志着毛泽东思想得到多方面展开从而趋于成熟。党的六届七中全会通过的《关于若干历史问题的决议》充分肯定了确立毛泽东在全党领导地位的重大意义。1945年党的七大通过的《中国共产党党章》明确规定，“中国共产党，以马克思列宁主义的理论与中国革命的实践之统一的思想——毛泽东思想，作为自己一切工作的指针”。这标志着把毛泽东思想确立为党必须长期坚持的指导思想。

3. 毛泽东思想的继续发展

解放战争时期和新中国成立以后，以毛泽东同志为主要代表的中国共产党人，在领导人民夺取新民主主义革命胜利，建立和巩固工人阶级领导的、以工农联盟为基础的人民民主专政的国家政权，实现从新民主主义向社会主义的转变，开展全面的大规模的社会主义建设的过程中，结合新的实际丰富和发展毛泽东思想，先后提出了人民民主专政理论、社会主义改造理论、关于严格区分和正确处理两类矛盾的学说特别是正确处理人民内部矛盾的理论、适合我国国情的中国工业化道路理论等。毛泽东明确提出了把马克思列宁主义基本原理同中国具体实际进行“第二次结合”，并对开辟适合中国国情的社会主义建设道路进行了艰辛探索。这一时期形成的关于社会主义革命和社会主义建设的重要思想至今仍有重要指导意义。

二、毛泽东思想的主要内容和活的灵魂

（一）毛泽东思想的主要内容

1. 新民主主义革命理论

新民主主义革命理论的基本点，一是认为中国资产阶级有两个部分：依附于帝国主义的大资产阶级和既有革命要求又有动摇性的民族资产阶级。二是认为由于帝国主义的侵略，加之中国没有资产阶级民主，因此中国革命只能以长期的武装斗争为主要形式。

新民主主义革命理论，是以毛泽东同志为主要代表的中国共产党人，把马克思列宁主义基本原理同中国具体实际相结合，对经过艰苦探索、付出巨大牺牲积累的一系列独创性经验作出的理论概况，是反映新民主主义革命客观规律的完备的理论形态。

2. 社会主义革命和社会主义建设理论

新民主主义革命胜利后，毛泽东领导我们党，依据新民主主义革命胜利所创造的向社会主义过渡的经济政治条件，采取社会主义工业化和社会主义改造并举的方针，实行逐步改造生产资料私有制的具体政策，从理论和实践上解决了在中国这样一个占世界人口近 1/4、经济文化落后的大国建立社会主义制度这一重大问题。

在社会主义制度建立以后，毛泽东提出把马克思列宁主义基本原理同中国具体实际进行“第二次结合”，领导全党和全国人民积极探索适合中国国情的社会主义建设道路，提出了一系列具有战略意义的正确思想和方针。这些正确的思想、方针和主张，对中国特色社会主义建设道路的探索具有重要的指导意义。

3. 革命军队建设和军事战略的理论

毛泽东系统解决了如何把以农民为主要成分的革命军队建设成为一支无产阶级性质的、具有严格纪律的、同人民群众保持亲密联系的新型人民军队的问题，解决了如何开展人民革命战争，应当实行什么样的战略战术，如何巩固国防等一系列重大方针问题。在新中国成立以后，他提出必须加强国防，建设现代化革命武装力量和发展现代化国防技术的重要指导思想。

4. 政策和策略的理论

毛泽东精辟地论证了革命斗争中政策和策略问题的极端重要性，指出政策和策略是党的生命，必须根据政治形势、阶级关系和实际情况及其变化制定党的政策，把原则性和灵活性结合起来。他在总结实践经验的基础上，提出了许多重要的政策和策略思想。这些政策和策略思想凝聚了党在长期实践中积累的丰富经验，及时解决了中国革命和建设进程中一道道极为复杂的难题。

5. 思想政治工作和文化工作的理论

掌握思想教育，是团结全党进行伟大政治斗争的中心环节。毛泽东根据“一定的文化（当作观念形态的文化）是一定社会的政治和经济的反映，又给予伟大影响和作用于一定社会的政治和经济；而经济是基础，政治则是经济的集中的表现”这个基本观点，提出许多具有长远意义的重要思想。他指出，“为什么人的问题，是一个根本的问题，原则的问题”，强调要全心全意为人民服务，对革命工作要极端负责，要艰苦奋斗和不怕牺牲。

6. 党的建设理论

在无产阶级人数很少而战斗力很强、农民和其他小资产阶级占人口大多数的国家，建设一个具有广泛群众性的、马克思主义的无产阶级政党，是极其艰巨的任务。毛泽东建党学说成功地解决了这个问题，为马克思主义建党理论增添了新的内容，为把中国共产党建设成为用科学理论和革命精神武装起来的、同人民群众有着血肉联系的、思想上政治上组织上完全巩固的马克思主义政党指明了正确方向。

（二）毛泽东思想活的灵魂

毛泽东思想的活的灵魂有三个基本方面，即实事求是、群众路线和独立自主。

1. 实事求是

实事求是是毛泽东思想的基本点，是毛泽东思想的精髓。实事求是，就是一切从实际出发，理论联系实际，坚持在实践中检验真理和发展真理。

（1）坚持实事求是，就要深入实际了解事物的本来面貌，把握事物内在必然联系，按照客观规律办事。

（2）坚持实事求是，就要清醒认识和正确把握我国基本国情。

（3）坚持实事求是，就要不断推进实践基础上的理论创新。

2. 群众路线

群众路线，就是一切为了群众，一切依靠群众，从群众中来，到群众中去，把党的正确主张变为群众的自觉行动。群众路线是党的生命线和根本工作路线，是党永葆青春活力和战斗力的重要传家宝。

（1）坚持群众路线，就要坚持人民是推动历史发展的根本力量。

（2）坚持群众路线，就要坚持全心全意为人民服务的根本宗旨。

（3）坚持群众路线，就要保持党同人民群众的血肉联系。

3. 独立自主

独立自主，就是坚持独立思考，走自己的路，就是坚定不移地维护民族独立、捍卫国家主权，把立足点放在依靠自己力量的基础上，同时积极争取外援，开展国际经济文化交流，学习外国一切对我们有益的先进事物。独立自主是中华民族的优良传统，是中国共产党、中华人民共和国立党立国的重要原则，是我们党从中国实际出发、依靠党和人民力量进行革命、建设、改革的必然结论。

（1）坚持独立自主，就要坚持中国的事情必须由中国人民自己作主张、自己来处理。

（2）坚持独立自主，就要坚持独立自主的和平外交政策，坚定不移走和平发展道路。

三、毛泽东思想的历史地位

（一）马克思主义中国化时代化的第一个重大理论成果

毛泽东思想是马克思主义中国化时代化第一次历史性飞跃的理论成果。毛泽东思想在新民主主义革命、社会主义革命和建设、军队和国防建设、政策和策略、思想政治工作和文化工作、外交工作和党的建设等方面，以独创性的理论丰富和发展了马克思列宁主义。

（二）中国革命和建设的科学指南

毛泽东思想是马克思列宁主义在中国的运用和发展，是被实践证明了的关于中国革命和建设的正确的理论原则和经验总结。在毛泽东思想指引下，我们党领导全国人民，找到了一条新民主主义革命的正确道路，建立了中华人民共和国，实现了中国从几千年封建专制政治向人民民主的伟大飞跃；找到了一条从新民主主义向社会主义过渡的道路，确立了社会主义基本制度，实现了中华民族有史以来最为广泛而深刻的社会变革，实现了一穷二白、人口众多的东方大国大步迈进社会主义社会的伟大飞跃；毛泽东对适合中国国情的社会主义道路进行了艰辛探索，取得了独创性理论成果和巨大成就，为在新的历史时期开创中国特色社会主义提供了宝贵经验、理论准备、物质基础。

（三）中国共产党和中国人民宝贵的精神财富

毛泽东思想基本原理、原则和科学方法具有普遍的指导意义。它依然是中国人民不断奋进的强大精神动力，将长期激励和指导我们前进。

党的十一届六中全会通过的《关于建国以来党的若干历史问题的决议》，对毛泽东和毛泽东思想的历史地位作出了科学的、实事求是的评价：毛泽东是伟大的马克思主义者，伟大的无产阶级革命家、战略家和理论家。他为中国共产党和中国人民解放军的创立和发展，为中国各族人民解放事业的胜利，为中华人民共和国的缔造和社会主义事业的发展，建立了不可磨灭的功勋，为世界被压迫民族的解放和人类进步事业作出了重大贡献。由于在中国建设社会主义是一项崭新的事业，人们对如何走出一条适合中国国情的社会主义道路还缺少规律性认识，加上当时复杂严峻的国际环境的影响，我们党在社会主义建设道路的探索中发生过曲折。但总的来说，毛泽东的功绩是第一位的，错误是第二位的。

学习自测

一、单项选择题

1.（　　）是马克思主义中国化时代化第一次历史性飞跃的理论成果。

A. 毛泽东思想　　B. 邓小平理论

C. “三个代表”重要思想　　D. 科学发展观

2.（　　）是我们党永葆青春活力和战斗力的重要传家宝。

A. 实事求是　　B. 群众路线

C. 独立自主　　D. 解放思想

3. 标志毛泽东思想走向成熟的是（　　）。

A. 社会主义革命和建设理论的提出

B. 新民主主义革命理论的提出

C. 革命军队和军事战略理论的提出

D. 政策和策略的理论的提出

4. 确定毛泽东思想为指导思想，并写入党章的会议是（　　）。

A. 党的二大　　B. 党的六届六中全会

C. 党的七大　　D. 遵义会议

5. 中国特色社会主义理论体系始终坚持的根本思想路线是（　　）。

A. 实事求是　　B. 群众路线

C. 独立自主　　D. 为人民服务

6. 毛泽东思想强调中国共产党的根本工作路线是（　　）。

A. 实事求是　　B. 群众路线

C. 艰苦奋斗　　D. 独立自主

7．在革命军队建设和军事战略理论中，毛泽东规定了（　　）是人民军队的唯一宗旨，规定了（　　）的原则，制定了三大纪律、八项注意，强调实行政治、经济、军事三大民主，实行官兵一致、军民一致和瓦解敌军的原则，提出和总结了一套军队政治工作的方针和方法。

A．全心全意为人民服务、党指挥枪

B．全心全意为人民服务、枪指挥党

C．党指挥枪、全心全意为人民服务

D．枪指挥党、全心全意为人民服务

8．毛泽东思想和中国特色社会主义理论体系作为马克思主义中国化时代化的两大理论成果，共同的根是（　　）。

A．马克思　　B．毛泽东

C．马克思列宁主义　　D．列宁

9．（　　）是我们党一切行动的根本出发点和落脚点，是我们党区别于其他一切政党的根本标志。

A．一切为了群众　　B．从群众中来，到群众中去

C．独立自主　　D．全心全意为人民服务

10．新民主主义革命理论认为中国资产阶级有两个部分，它们是（　　）。

A．既有革命要求又有动摇性的民族资产阶级和依附于帝国主义的大资产阶级

B．官僚资产阶级和买办资产阶级

C．小资产阶级和民族资产阶级

D．既有革命要求又有动摇性的民族资产阶级和农村富民

11．马克思主义中国化时代化过程中的第一个重大理论成果是（　　）。

A．邓小平理论　　B．“三个代表”重要思想

C．科学发展观　　D．毛泽东思想

12．毛泽东思想初步形成的标志是（　　）。

A．提出了新民主主义革命的基本思想

B．提出人民民主专政、社会改造及建设理论

C．提出系统的新民主主义革命理论

D．提出农村包围城市、武装夺取政权的革命道路理论

13.（　　）是中国共产党、中华人民共和国立党立国的重要原则，是我们党从中国实际出发、依靠党和人民力量进行革命、建设、改革的必然结论。

A. 实事求是　　B. 群众路线

C. 独立自主　　D. 解放思想

14. 要解决中国革命所面临的问题，必须把马克思主义与中国具体实际相结合，实现马克思主义中国化时代化。最早提出马克思主义中国化的命题的领导人是（　　）。

A. 李大钊　　B. 陈独秀

C. 毛泽东　　D. 刘少奇

15. 中国共产党的根本政治原则是（　　）。

A. 实事求是　　B. 群众路线

C. 独立自主　　D. 为人民服务

16. 中国特色社会主义理论的精髓和核心是（　　）。

A. 实事求是　　B. 群众路线

C. 独立自主　　D. 为人民服务

17. 毛泽东思想形成的实践基础是（　　）。

A. 新的社会生产力的增长

B. 工人阶级队伍的壮大

C. 工人运动的发展

D. 党成立后领导人民进行革命和建设的成功实践

18. 毛泽东认为中国革命战争在长时期内的主要作战形式是（　　）和带游击性的运动战。

A. 持久战　　B. 速决战　　C. 运动战　　D. 游击战

19. 由于帝国主义的侵略，加之中国没有资产阶级民主，因此中国革命只能以长期的（　　）为主要形式。

A. 武装斗争　　B. 社会改革

C. 民主改革　　D. 和平演变

二、多项选择题

1．毛泽东思想的科学含义是（　　）。

A．马克思列宁主义在中国的运用和发展

B．被实践证明了的关于中国革命和建设的正确的理论原则和经验总结

C．中国共产党集体智慧的结晶

D．夺取中国革命胜利的理论武器

2．实事求是，就是一切从实际出发，理论联系实际，坚持在实践中检验真理和发展真理。习近平在纪念毛泽东诞辰120周年座谈会上指出：实事求是，是（　　）。

A．马克思主义的根本观点

B．中国共产党人认识世界、改造世界的根本要求

C．我们党的基本思想方法、工作方法、领导方法

D．党的根本宗旨

3．在中国共产党的历史上，对毛泽东思想作出系统概括和阐述的党的文献有（　　）。

A．《中国共产党中央委员会关于建国以来党的若干历史问题的决议》

B．刘少奇在七大上所作的《关于修改党的章程的报告》

C．邓小平在八大上所作的《关于修改党的章程的报告》

D．《关于建国以来党的若干历史问题的决议》

4．下列选项中，关于毛泽东思想的历史地位说法正确的是（　　）。

A．毛泽东思想是马克思主义中国化的第一个重大理论成果

B．毛泽东思想是中国革命和建设的科学指南

C．毛泽东思想是中国共产党和中国人民宝贵的精神财富

D．毛泽东思想已经过时了

5．毛泽东思想的科学体系包括（　　）。

A．新民主主义革命理论

B．社会主义革命和社会主义建设理论

C．军队和国防建设的理论

D．思想政治工作和文化工作的理论

6．下列选项中，属于毛泽东思想主要内容的是（　　）。

A．新民主主义革命理论　　B．社会主义革命理论

C．政策和策略理论　　D．社会主义建设理论

7．中国共产党的性质决定党的宗旨是全心全意为人民服务。坚持全心全意为人民服务的宗旨，是（　　）。

A．坚持马克思主义唯物史观的根本要求

B．中国共产党的最高原则

C．中国共产党一切行动的根本出发点和落脚点

D．中国共产党区别于其他任何政党的显著标志之一

8．实事求是是毛泽东思想的精髓，是因为（　　）。

A．毛泽东在延安时为中央党校题了“实事求是”四个大字

B．毛泽东对实事求是作了马克思主义的解释

C．它是同毛泽东对中国革命道路的探索联系在一起的，是中国革命胜利的思想武器

D．它是反对主观主义、经验主义和教条主义的

9．下列选项中，关于毛泽东思想形成和发展的说法正确的是（　　）。

A．党领导人民进行革命和建设的成功实践是其形成和发展的实践基础

B．农村包围城市、武装夺取政权思想的提出，标志着毛泽东思想的初步形成

C．农村包围城市、武装夺取政权思想的提出，标志着毛泽东思想的成熟

D．党的八大将毛泽东思想写入党章，确立为党必须长期坚持的指导思想

10．毛泽东思想的活的灵魂有三个基本方面，即（　　）。

A．实事求是　B．群众路线　C．独立自主　D．解放思想

三、判断题

1．中国共产党从成立之日起，就明确把毛泽东思想确定为指导思想。（　　）

2．毛泽东思想是中国特色社会主义理论体系的重要思想渊源。（　　）

3．毛泽东思想关于社会主义建设的理论，为开创和发展中国特色社会主义作了重要的理论准备。（　　）

4．毛泽东思想是马克思列宁主义在中国的运用和发展。（ ）

5．毛泽东思想是被实践证明了的关于中国革命和建设的正确的理论原则和经验总结。（ ）

6．毛泽东思想就是毛泽东的思想。（ ）

7．1935年遵义会议确立了毛泽东在全党的实际领导地位，这是党的历史上一个生死攸关的转折点。（ ）

8．毛泽东首次明确提出“马克思主义中国化”的重大命题，对后来党的理论发展和事业推进产生了深远影响。（ ）

9．党的七大正式将毛泽东思想确立为党的指导思想并写入党章。（ ）

10．毛泽东思想是党推进马克思主义中国化时代化过程中的第一个重大理论成果。（ ）

11．毛泽东思想作为一个科学体系，既包括关于新民主主义的正确思想，也包括关于社会主义建设的正确思想。（ ）

12．战争与革命是毛泽东思想形成的时代背景。（ ）

13．毛泽东思想活的灵魂是解放思想、实事求是、与时俱进。（ ）

14．毛泽东思想是中国革命和建设的科学指南。（ ）

15．毛泽东思想是中国共产党集体智慧的结晶。（ ）

16．和平与发展是毛泽东思想形成的时代背景。（ ）

17．毛泽东思想活的灵魂是实事求是、群众路线和独立自主。（ ）

四、简答题

1．毛泽东思想形成和发展的社会历史条件是什么？

2．如何把握毛泽东思想的主要内容和活的灵魂？

3．如何科学认识毛泽东思想的历史地位？

参考答案

一、单项选择题

1．A	2．B	3．B	4．C	5．A
6．B	7．A	8．C	9．D	10．A

11. D　12. D　13. C　14. C　15. C
16. A　17. D　18. D　19. A

二、多项选择题

1. ABC　2. ABC　3. BD　4. ABC　5. ABCD
6. ABCD　7. ABC　8. BCD　9. AB　10. ABC

三、判断题

1. ×　2. √　3. √　4. √　5. √
6. ×　7. √　8. √　9. √　10. √
11. √　12. √　13. ×　14. √　15. √
16. ×　17. √

四、简答题

1. 提示：

19世纪中叶，马克思、恩格斯在深入考察和研究资本主义社会基本矛盾的基础上，提出唯物史观和剩余价值学说，为社会主义思想奠定了科学理论基础，创立了科学社会主义。19世纪末20世纪初，世界进入帝国主义和无产阶级革命时代，战争与革命成为时代主题。1917年俄国十月革命的胜利开辟了世界无产阶级社会主义革命的新时代，也给中国送来了马克思列宁主义，帮助中国的先进分子开始用无产阶级的世界观作为观察国家命运的工具，中国革命从此有了科学的指导思想。中国在革命取得胜利后，又经历了第二次世界大战后两大阵营的对立和斗争，西方国家不仅对中国实行持续的封锁禁运，还极力推行和平演变战略。毛泽东思想正是在这样的时代条件下形成和发展起来的。

中国共产党成立之后，为中国人民谋幸福，为中华民族谋复兴，经历了千辛万苦的奋斗历程，有成功的宝贵经验，也有失败的惨痛教训。这些经验教训促使以毛泽东同志为主要代表的中国共产党人更深入地思考中国革命和建设问题。毛泽东思想正是对这些经验教训进行深刻总结形成的理论成果。中国共产党领导人民进行革命和建设的成功实践是毛泽东思想形成和发展的实践基础。

2. 提示：

（1）毛泽东思想的主要内容包括：

① 新民主主义革命理论；

② 社会主义革命和建设理论；

③ 军队和国防建设的理论；

④ 政策和策略的理论；

⑤ 思想政治工作和文化工作的理论；

⑥ 外交工作的理论；

⑦ 党的建设理论。

（2）毛泽东思想的活的灵魂，即实事求是、群众路线和独立自主。

① 实事求是，就是一切从实际出发，理论联系实际，坚持在实践中检验真理和发展真理。

② 群众路线，就是一切为了群众，一切依靠群众，从群众中来，到群众中去，把党的正确主张变为群众的自觉行动。群众路线是党的生命线和根本工作路线，是党永葆青春活力和战斗力的重要传家宝。

③ 独立自主，就是坚持独立思考，走自己的路，就是坚定不移地维护民族独立、捍卫国家主权，把立足点放在依靠自己力量的基础上，同时积极争取外援，开展国际经济文化交流，学习外国一切对我们有益的先进事物。

3．提示：

① 毛泽东思想是马克思主义中国化时代化的第一个重大理论成果；② 毛泽东思想是中国革命和建设的科学指南；③ 毛泽东思想是中国共产党和中国人民宝贵的精神财富。

实践进行时

认识革命英雄

实践项目

了解开国十大元帅。

实践方案

一、活动目的

让学生通过了解开国十大元帅，充分认识到他们的典型功绩以及对中国革命的贡献，让学生学习他们与时俱进、实事求是的精神。

二、活动方案

时间：课余时间完成。

地点：教室。

方式：分小组进行。

流程：

（1）分组。5人一组，每组选出一名组长，讨论确定搜集哪位开国元帅的相关资料。

（2）确定班级中所要搜集的开国元帅名单（每组人物不可相同），搜集其生平事迹，重点搜集能体现其与时俱进、实事求是精神的资料。

（3）将所搜集的资料制作成PPT，在课堂上展示。

拓展阅读

“中国梦”秉承了毛泽东思想

2013年12月26日，是中国共产党、中国人民解放军、中华人民共和国的主要缔造者，中国各族人民的伟大领袖毛泽东同志诞辰120周年。中共中央26日上午在人民大会堂举行座谈会，纪念毛泽东同志诞辰120周年。中共中央总书记、国家主席、中央军委主席习近平发表重要讲话。

习近平指出，毛泽东思想活的灵魂是贯穿其中的立场、观点、方法，它们有三个基本方面，这就是实事求是、群众路线、独立自主。新形势下，我们要坚持和运用好毛泽东思想活的灵魂，把我们党建设好，把中国特色社会主义伟大事业继续推向前进。“活的灵魂”有着与时俱进的内涵，有着时代进步的动力，有着开创未来的禀赋。

毛泽东同志在青年时期就立下拯救民族于危难的远大志向。“书生意气，挥斥方遒。指点江山，激扬文字”，既有“问苍茫大地，谁主沉浮”的仰天长问，又有“到中流击水，浪遏飞舟”的浩然壮气。这些对于青年人的作为与进步都有着非常的现实意义与鞭策力量。“早晨八九点的太阳”，必然要意气风发，必然是朝气蓬勃，必然会照亮前程。“毛泽东思想照前程”，一方面需要把毛泽东思想发扬光大，代代相传；另一方面，也是毛泽东思想在继承中的不断创新与发展。

“中国梦”，我的梦，时代的梦，明天的梦……中华民族始终有一个梦想，这就是实现中华民族伟大复兴，为人类作出更大贡献。我们的先辈们为实现这个梦想付出了巨大努力。我辈决不能辜负先辈们的希望与期待，必然接过先辈的“接力棒”，在中华民族伟大复兴的征途中阔步前进，这是历史的责任、时代的使命，我辈别无选择、责无旁贷。一脉相承，实现“中国梦”，就是秉承毛泽东思想、邓小平理论、“三个代表”重要思想和科学发展观。

纪念不仅是为了记住，更为了奋进，更为了明天。毛泽东同志说过：“中国人民有志气，有能力，一定要在不远的将来，赶上和超过世界先进水平。”实现我们确立的奋斗目标，我们既要有“乱云飞渡仍从容”的战略定力，又要有“不到长城非好汉”的进取精神。全党全国各族人民更加紧密地团结起来，勿忘昨天的苦难辉煌，无愧今天的使命担当，不负明天的伟大梦想，下定决心，排除万难，在中国特色社会主义伟大道路上，为实现中华民族伟大复兴的中国梦，前进！前进的路上肯定有坎坷，但坎坷阻止不了时代前进的步伐，阻止不了中华儿女追求公平正义的步伐。

【王旭东，“中国梦”秉承了毛泽东思想．中国青年报，2013 年 12 月 27 日】

第二章

新民主主义革命理论

学习引导

学习目标

（1）了解新民主主义革命理论的形成过程。

（2）掌握新民主主义革命的总路线和基本纲领。

（3）熟悉新民主主义革命的道路。

（4）明确新民主主义革命的三大法宝。

（5）认识新民主主义革命理论的意义。

学习重点

（1）近代中国的国情和中国革命的根本任务。

（2）新民主主义革命的总路线和基本经验。

学习难点

（1）新民主主义与旧民主主义的区别和联系。

（2）新民主主义革命理论与中国革命实践之间的关系。

知识概括

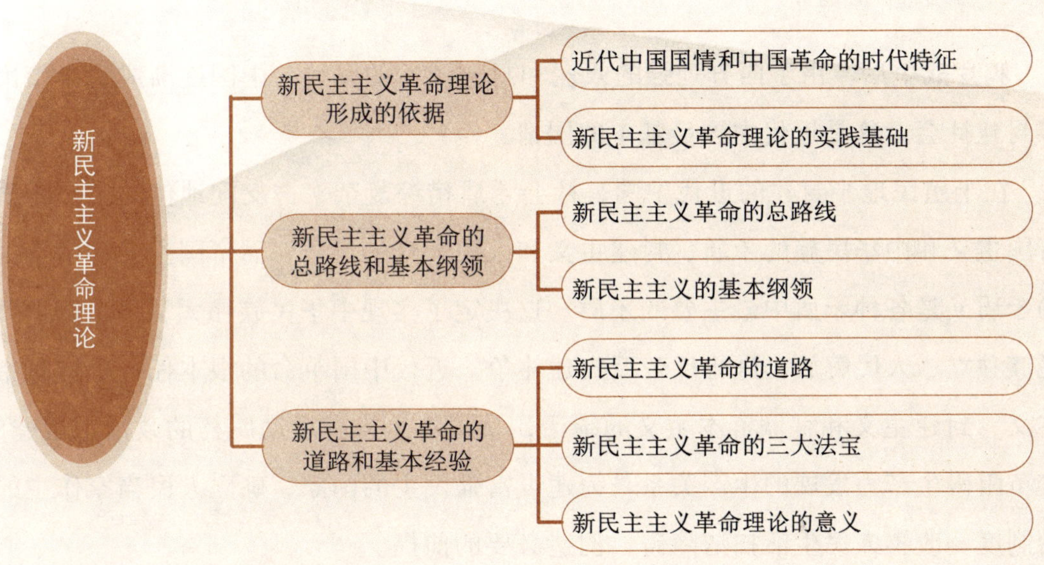

新民主主义革命理论
新民主主义革命理论形成的依据
近代中国国情和中国革命的时代特征
新民主主义革命理论的实践基础
新民主主义革命的总路线和基本纲领
新民主主义革命的总路线
新民主主义的基本纲领
新民主主义革命的道路和基本经验
新民主主义革命的道路
新民主主义革命的三大法宝
新民主主义革命理论的意义

一、新民主主义革命理论形成的依据

（一）近代中国国情和中国革命的时代特征

认清中国国情，是解决中国革命问题的基本前提。毛泽东指出：“认清中国社会的性质，就是说，认清中国的国情，乃是认清一切革命问题的基本的根据。”

1. 近代中国国情

鸦片战争后，由于西方列强的入侵和封建统治的腐败，中国逐渐成为半殖民地半封建社会，这是近代中国最基本的国情。

在半殖民地半封建的近代中国，社会矛盾错综复杂，占支配地位的主要矛盾是帝国主义和中华民族的矛盾、封建主义和人民大众的矛盾，而帝国主义和中华民族的矛盾又是各种矛盾中最主要的矛盾。这决定了实现中华民族伟大复兴，必须争取民族独立、人民解放，进行反帝反封建斗争。近代中国革命的根本任务是推翻帝国主义、封建主义和官僚资本主义的统治，从根本上推翻反动腐朽的政治上层建筑，变革阻碍生产力发展的生产关系，为建设富强民主的国家、确立人民当家作主的政治制度、改善人民生活扫清障碍，创造必要的前提。

2. 近代中国革命的时代特征

近代中国的社会性质和主要矛盾，决定了中国革命仍然是资产阶级民主革命。中国资产阶级民主革命的时代特征为：

（1）从鸦片战争到辛亥革命期间，中国人民在不同时期和不同程度上进行的反帝反封建的斗争，属于旧民主主义革命的范畴。

（2）俄国十月革命胜利后，促进了东方殖民地半殖民地国家被压迫民族和被压迫人民的觉醒。在十月革命的影响下，以五四运动为标志，中国无产阶级开始作为独立的政治力量登上历史舞台，成为革命的领导力量，马克思列宁主义逐步成为中国革命的指导思想，中国革命进入新民主主义革命阶段。

（二）新民主主义革命理论的实践基础

新民主主义革命理论不是凭空产生的，而是适应新民主主义革命实践的需要，在认真总结中国革命经验教训的基础上形成的。

1. 旧民主主义革命的失败呼唤新的革命理论

旧民主主义革命的失败、近代中国革命形势的发展，以及世界形势的新变化，迫切期待新的阶级及其政党领导新的革命，呼唤新的革命理论的诞生。新民主主义革命理论在近代中国革命的实践中应运而生，它的形成包含了对旧民主主义革命失败教训的深刻总结。

2. 新民主主义革命的艰辛探索奠定了革命理论形成的实践基础

中国共产党对民主革命规律的认识，是通过革命的实践，经历了从没有经验到有经验，从有较少的经验到有较多的经验，从未被认识的必然王国经过逐步地克服盲目性，在认识上有了一个飞跃，再到达自由王国这样一个艰难曲折的发展过程。

没有中国革命的实践，没有党对革命实践经验的科学概括和总结，新民主主义革命理论就无法形成和发展。新民主主义革命实践，是新民主主义革命理论得以形成的基础和源泉。

二、新民主主义革命的总路线和基本纲领

（一）新民主主义革命的总路线

1939 年，毛泽东在《中国革命和中国共产党》一文中第一次提出了“新民主主义的革命”的科学概念。1948 年，毛泽东在《在晋绥干部会议上的讲话》中完整地总结和概括了新民主主义革命总路线的内容，即无产阶级领导的，人民大众的，反对帝国主义、封建主义和官僚资本主义的革命。新民主主义革命总路线反映了中国革命的基本规律，指明了中国革命的对象、动力、领导力量、性质和前途，是新民主主义革命的指导路线。

1. 新民主主义革命的对象

近代中国社会的性质和主要矛盾，决定了中国革命的主要敌人就是帝国主义、封建主义和官僚资本主义，它们是压在中国人民头上的三座大山。

2. 新民主主义革命的动力

新民主主义革命的动力包括无产阶级、农民阶级、城市小资产阶级和民族资产阶级。

（1）无产阶级是中国革命最基本的动力。

（2）农民是中国革命的主力军。

（3）城市小资产阶级是无产阶级的可靠同盟者。

（4）民族资产阶级也是中国革命的动力之一。

3. 新民主主义革命的领导力量

无产阶级的领导权是中国革命的中心问题，也是新民主主义革命理论的核心问题。区别新旧两种不同范畴的民主主义革命的根本标志是，革命的领导权是掌握在无产阶级手中还是掌握在资产阶级手中。

无产阶级及其政党的领导，是中国革命取得胜利的根本保证。新民主主义革命不能由任何别的阶级和任何别的政党充当领导者，只能和必须由无产阶级及其政党充当领导者。

4. 新民主主义革命的性质和前途

近代中国半殖民地半封建社会的性质和中国革命的历史任务，决定了新民主主义革命的性质是资产阶级民主主义革命。

（1）新民主主义革命表现出的新内容和特点：新民主主义革命与旧民主主义革命相比有其新的内容和特点，集中表现在中国新民主主义革命处于世界无产阶级社会主义革命的时代，是世界无产阶级社会主义革命的一部分；革命的领导力量是中国无产阶级及其先锋队——中国共产党；革命的指导思想是马克思列宁主义；革命的前途是社会主义而不是资本主义。

（2）新民主主义革命与社会主义革命的区别：新民主主义革命与社会主义革命

的性质不同。新民主主义革命属于资产阶级民主主义革命的范畴，它以推翻帝国主义、封建主义和官僚资本主义的反动统治为目标。社会主义革命是无产阶级性质的革命，它所要实现的目标是消灭资本主义剥削制度和改造小生产的私有制。

（3）新民主主义革命与社会主义革命的联系：新民主主义革命与社会主义革命是相互联系、紧密衔接的，中间不容横插一个资产阶级专政。毛泽东指出，“民主主义革命是社会主义革命的必要准备，社会主义革命是民主主义革命的必然趋势”。

（二）新民主主义的基本纲领

一个政党的纲领是公开树立起来的一面旗帜，是表明党的性质的重要标志。

1. 新民主主义的政治纲领

新民主主义的政治纲领：推翻帝国主义和封建主义的统治，建立一个无产阶级领导的、以工农联盟为基础的、各革命阶级联合专政的新民主主义的共和国。

新民主主义国家的国体：无产阶级领导的以工农联盟为基础，包括小资产阶级、民族资产阶级和其他反帝反封建的人们在内的各革命阶级的联合专政。

与新民主主义国家的国体相适应的政体：实行民主集中制的人民代表大会制度。

2. 新民主主义的经济纲领

新民主主义的经济纲领：没收封建地主阶级的土地归农民所有，没收官僚资产阶级的垄断资本归新民主主义的国家所有，保护民族工商业。

（1）没收封建地主阶级的土地归农民所有，是新民主主义革命的主要内容。

（2）没收官僚资本归新民主主义国家所有，是新民主主义革命的题中应有之义。

（3）保护民族工商业，是新民主主义经济纲领中极具特色的一项内容。

3. 新民主主义的文化纲领

新民主主义文化，就是无产阶级领导的人民大众的反帝反封建的文化，即民族的科学的大众的文化。

三、新民主主义革命的道路和基本经验

（一）新民主主义革命的道路

中国共产党在马克思主义指导下，立足中国国情，走出了一条不同于俄国十月革命的道路，即农村包围城市、武装夺取政权的革命道路。

1. 新民主主义革命道路的提出

1938 年 11 月，毛泽东在党的六届六中全会上明确指出："共产党的任务，基本地不是经过长期合法斗争以进入起义和战争，也不是先占城市后取乡村，而是走相反的道路。"从而确立了经过长期武装斗争，先占乡村，后取城市，最后夺取全国胜利的革命道路。

2. 新民主主义革命道路形成的必然性

中国革命必须走农村包围城市、武装夺取政权的道路，是由中国所处的时代特点和具体国情决定的。

（1）在半殖民地半封建的中国社会，内无民主制度而受封建主义的压迫，外无民族独立而受帝国主义的压迫。

（2）近代中国是一个农业大国，农民占全国人口的绝大多数，是无产阶级可靠的同盟军和革命的主力军。

3. 新民主主义革命道路的内容及意义

（1）新民主主义革命道路的内容：中国革命走农村包围城市、武装夺取政权的道路，根本在于处理好土地革命、武装斗争、农村革命根据地建设三者之间的关系。

土地革命是中国革命的基本内容；武装斗争是中国革命的主要形式，是农村根据地建设和土地革命的强有力保证；农村革命根据地是中国革命的战略阵地，是进行武装斗争和开展土地革命的依托。在中国共产党的领导下，实现了土地革命、武装斗争、农村革命根据地建设三者的密切结合和有机统一。

（2）新民主主义革命道路的意义：中国革命道路理论，是中国共产党运用马克

思主义的立场、观点和方法，分析、研究和解决中国革命具体问题的光辉典范，反映了中国半殖民地半封建社会民主革命发展的客观规律，独创性地发展了马克思列宁主义。中国革命道路理论对于推进马克思主义中国化时代化具有重要的方法论意义。

（二）新民主主义革命的三大法宝

1. 统一战线

统一战线是无产阶级政党策略思想的重要内容。建立最广泛的统一战线，首先是由中国半殖民地半封建社会的阶级状况所决定的；其次是由中国革命的长期性、残酷性及其发展的不平衡性所决定的。

（1）中国共产党领导的革命统一战线包含着两个联盟：一个是工人阶级同农民阶级、广大知识分子及其他劳动者的联盟，主要是工农联盟；另一个是工人阶级和非劳动人民的联盟，主要是与民族资产阶级的联盟。第一个联盟是统一战线的基础，是基本的，主要的。第二个联盟是非基本的、辅助性的，但又是重要的不可缺少的，是中国革命取得胜利的保障。

（2）党建立、巩固和发展统一战线的实践经验主要包括：①建立巩固的工农联盟。②正确对待资产阶级，尤其是民族资产阶级。③要采取区别对待的方针，坚持发展进步势力、争取中间势力、孤立顽固势力。④要坚持独立自主原则，保持党在政治上、组织上和思想上的独立性。

2. 武装斗争

武装斗争是中国革命的特点和优点之一。毛泽东指出：“在中国，离开了武装斗争，就没有无产阶级的地位，就没有人民的地位，就没有共产党的地位，就没有革命的胜利。”

党在新民主主义革命时期开展武装斗争的革命经验包括：①坚持党对军队的绝对领导；②建设全心全意为人民服务的人民军队；③开展革命的政治工作；④坚持正确的战略战术原则。

3. 党的建设

中国共产党在加强自身建设中积累的经验归纳起来主要有：

（1）必须把思想建设始终放在党的建设的首位；

（2）必须在任何时候都重视党的组织建设；

（3）必须重视党的作风建设；

（4）必须联系党的政治路线加强党的建设。

统一战线、武装斗争和党的建设三者之间的关系：统一战线和武装斗争是中国革命的两个基本特点，是战胜敌人的两个基本武器。统一战线是实行武装斗争的统一战线，武装斗争是统一战线的中心支柱，党的组织则是掌握统一战线和武装斗争这两个武器以实行对敌冲锋陷阵的英勇战士。

（三）新民主主义革命理论的意义

新民主主义革命理论，是以毛泽东同志为主要代表的中国共产党人，把马克思列宁主义基本原理同中国革命具体实践相结合，在认真总结中国革命实践经验基础上形成的具有独创性的革命理论。

（1）新民主主义革命理论，揭示了近代中国革命发展的客观规律，解决了中国革命的一系列理论问题，科学地回答了中国革命向何处去的问题，以及中国革命的发展阶段问题，极大地丰富了马克思主义的理论宝库。新民主主义革命理论是马克思主义中国化时代化的重要理论成果，开辟了马克思主义中国化时代化的发展道路。

（2）在新民主主义革命理论的指导下，党团结带领人民经过浴血奋战，完成了新民主主义革命，建立了中华人民共和国，实现了民族独立、人民解放。中国人民从此站起来了，中华民族任人宰割、饱受欺凌的时代一去不复返了，中国发展从此开启了新纪元。

（3）中国新民主主义革命的伟大胜利，是 20 世纪继俄国十月革命以后改变世界面貌的伟大历史事件，也极大改变了世界政治格局，鼓舞了全世界被压迫民族和被压迫人民争取解放的斗争，极大地增强了他们反对帝国主义斗争的信心，增强了世界人民争取和平的力量。

学习自测

一、单项选择题

1. 在党的八七会议上，提出“以后要非常注意军事，须知政权是由枪杆子中取得的”这一著名论断的是（　　）。

A. 朱德　　B. 毛泽东
C. 周恩来　　D. 刘少奇

2. 以（　　）的胜利为标志，中国资产阶级民主革命的时代背景发生了根本转换。

A. 俄国十月革命　　B. 辛亥革命
C. 五四运动　　D. 北伐战争

3. 人民军队建设的根本原则是（　　）。

A. 服从指挥　　B. 党指挥枪
C. 加强政治教育工作　　D. 游击战争

4. 中国革命的首要对象是（　　）。

A. 帝国主义　　B. 封建主义
C. 官僚资本主义　　D. 民族资本主义

5. 区别旧民主主义革命与新民主主义革命的根本标志是（　　）。

A. 革命的指导思想不同　　B. 革命的领导阶级不同
C. 革命的前途不同　　D. 革命的对象不同

6. 中国革命的主力军是（　　）。

A. 工人　　B. 农民
C. 城市小资产阶级　　D. 民族资产阶级

7. 近代中国社会各种矛盾中最主要的矛盾是（　　）的矛盾。

A. 帝国主义和中华民族　　B. 封建主义和人民大众
C. 官僚资产阶级和人民大众　　D. 资产阶级和无产阶级

8.（　　）既是中国革命的中心问题，也是新民主主义革命理论的核心问题。

A. 革命的对象　　B. 革命的动力
C. 革命的主力军　　D. 无产阶级的领导权

9. 毛泽东提出的“工农武装割据”的基本思想包括三个不可分割的部分是（　　）。

A. 武装斗争、统一战线、党的建设

B. 武装斗争、土地革命、根据地建设

C. 实事求是、群众路线、自我批评

D. 游击战争、红色政权、党的建设

10. 新民主主义国家的国体是无产阶级领导的、以（　　）为基础的各革命阶级的联合专政。

A. 民主集中制　　B. 人民当家作主

C. 工农联盟　　D. 无产阶级领导

11. 新民主主义革命的中心内容是（　　）。

A. 保护民族工商业

B. 没收封建地主阶级的土地归农民所有

C. 没收官僚垄断资本归新民主主义国家所有

D. 没收封建地主阶级的土地归新民主主义国家所有

12. 加强党的建设必须把（　　）始终放在首位。

A. 思想建设　　B. 道德建设

C. 作风建设　　D. 组织建设

13. 中国革命最基本的动力是（　　）。

A. 无产阶级　　B. 农民阶级

C. 城市小资产阶级　　D. 民族资产阶级

14. 毛泽东在（　　）一文中第一次提出了“新民主主义革命”的科学概念。

A.《〈共产党人〉发刊词》　　B.《论联合政府》

C.《新民主主义论》　　D.《中国革命和中国共产党》

15. 坚持（　　）这一宗旨，是建设新型人民军队的基本前提，也是人民军队一切行动的根本准则和一切工作的出发点与归宿。

A. 从群众中来到群众中去　　B. 全心全意为人民服务

C. 一切为了群众　　D. 独立自主

16. 在不同历史阶段，随着社会主要矛盾的变化，中国革命的主要对象有所不同。在土地革命战争时期，革命的主要对象是（　　）。

A. 国民党新军阀　　B. 帝国主义支持下的北洋军阀

C. 封建地主阶级　　D. 日本帝国主义

17. 在中国革命进程中，具有新民主主义革命和社会主义革命的双重性质的事件是（　　）。

A. 没收地主阶级的土地归农民所有

B. 没收官僚资本归新民主主义国家所有

C. 赎买民族工商业归人民民主专政国家所有

D. 没收帝国主义在华企业归新民主主义国家所有

18. 以（　　）的爆发为标志，中国资产阶级民主革命进入新民主主义革命的崭新阶段。

A. 俄国十月革命　　B. 辛亥革命

C. 五四运动　　D. 北伐战争

19. 正确处理党内矛盾，进行马克思主义教育的一个好的形式是（　　）。

A. 密切联系实际　　B. 批评与自我批评

C. 理论联系实际　　D. 整风

二、多项选择题

1. 鸦片战争以后，中华民族面临的两大历史任务是（　　）。

A. 消灭资产阶级

B. 反对官僚资本主义

C. 实现国家繁荣富强和人民共同富裕

D. 推翻帝国主义和封建主义在中国的反动统治，求得民族独立和人民解放

2. 中国的武装斗争实质上是无产阶级领导下的农民战争，其主要原因是（　　）。

A. 农民是最听党的话参加革命的

B. 农民是中国革命军队的主要来源，人民武装力量绝大部分是穿着军装的农民

C．中国革命武装斗争主要是党领导下的农民游击战争

D．农民是中国革命的主要力量，是中国革命的最广大的动力

3．新民主主义的经济纲领是（　　）。

A．保护民族工商业

B．公私兼顾，劳资两利

C．没收封建地主阶级的土地归农民所有

D．没收官僚资产阶级的垄断资本归新民主主义的国家所有

4．近代中国半殖民地半封建的社会性质，规定了（　　）。

A．中国革命的性质是资产阶级民主革命

B．中国革命的主要对象是帝国主义和封建主义

C．中国革命的动力包括工人、农民、小资产阶级和民族资产阶级

D．中国革命的前途是由新民主主义走向社会主义

5．中国无产阶级除了具备世界无产阶级的一般优点外，还有下列特殊优点（　　）。

A．分布相当集中，便于组织起来

B．大多来自破产的农民，易于结成工农联盟

C．与先进的生产方式相联系，富于组织性和纪律性

D．深受帝国主义、封建主义和资本主义的三重压迫，革命最坚决

6．新民主主义革命必须由无产阶级领导，这是（　　）。

A．由无产阶级的特性决定的　　B．近代中国革命发展的必然结果

C．由中国革命的对象决定的　　D．由中国革命的任务决定的

7．下列关于土地革命、武装斗争、农村革命根据地建设三者之间关系的说法，正确的有（　　）。

A．武装斗争是中国革命的主要形式

B．土地革命是中国革命的基本内容

C．农村革命根据地建设是中国革命的基本内容

D．农村革命根据地是进行武装斗争和土地革命的依托

8．中国共产党领导全国人民战胜敌人的两个基本武器（　　）。

A．统一战线　　B．武装斗争

C．党的建设　　D．实事求是

9．中国共产党要领导革命取得胜利，必须不断加强党的（　　）。

A．道德建设　　B．思想建设

C．组织建设　　D．作风建设

10．统一战线在中国革命中有着特殊的重要性，主要是由（　　）决定的。

A．统一战线是无产阶级政党的基本策略路线

B．统一战线是中国革命进程中又一个基本特点，是中国革命的又一个法宝

C．半殖民地半封建的中国在阶级构成上是一个“两头小、中间大”的社会

D．近代中国经济政治发展的敌我力量对比的不平衡性

三、判断题

1．新民主主义革命的领导阶级是无产阶级，所以是社会主义性质的革命。（　　）

2．中国的武装斗争实质上是无产阶级领导下的农民战争。（　　）

3．新民主主义革命的政治纲领是推翻帝国主义和封建主义的统治，建立一个无产阶级专政的共和国。（　　）

4．新民主主义革命的三大法宝是统一战线、武装斗争和党的领导。（　　）

5．新民主主义革命的对象是帝国主义、封建主义和官僚资本主义。（　　）

6．中国的新民主主义革命属于世界无产阶级社会主义革命的一部分，具有无产阶级社会主义革命的性质。（　　）

7．既然中国革命的领导力量是无产阶级，那么革命本身就是无产阶级革命。（　　）

8．新民主主义革命是一场新式的、特殊的资产阶级民主革命。（　　）

9．近代中国革命进入新民主主义革命阶段的标志是新文化运动。（　　）

10．毛泽东总结大革命失败的教训，在古田会议上提出“须知政权是由枪杆子中取得的”著名论断。（　　）

11．朱德提出“须知政权是由枪杆子中取得的”著名理论。（　　）

12．认清和解决革命问题的基本依据是认清革命对象。（　　）

13．党的一大明确提出中国共产党在民主革命时期纲领。（　　）

14．党的四大第一次明确提出坚持无产阶级领导权和农民同盟军思想。（　　）

15．毛泽东在《论新阶段》中第一次提出新民主主义革命的科学概念和总路线基本内容。（　　）

16．毛泽东《在晋绥干部会议上的讲话》完整地总结和概括了新民主主义革命总路线的内容。（　　）

17．革命的首要问题是分清敌友。（　　）

18．资产阶级是新民主革命的对象。（　　）

19．中国革命的基本问题是农民问题。（　　）

20．新民主主义革命理论的核心问题是无产阶级的领导权。（　　）

四、简答题

1．什么是新民主主义革命的总路线？

2．新民主主义基本纲领的主要内容是什么？

3．如何认识中国革命走农村包围城市、武装夺取政权道路的必要性及重大意义？

4．如何理解新民主主义革命的三大法宝及其相互关系？

参考答案

一、单项选择题

1．B	2．A	3．B	4．A	5．B
6．B	7．A	8．D	9．B	10．C
11．B	12．A	13．A	14．D	15．B
16．A	17．B	18．C	19．D	

二、多项选择题

1．CD	2．BCD	3．ACD	4．ABC	5．ABD
6．AB	7．ABD	8．AB	9．BCD	10．CD

三、判断题

1. × 2. √ 3. × 4. × 5. √

6. × 7. × 8. √ 9. × 10. ×

11. × 12. × 13. × 14. √ 15. ×

16. √ 17. √ 18. × 19. √ 20. √

四、简答题

1. 提示：

1948年，毛泽东《在晋绥干部会议上的讲话》中完整地总结和概括了新民主主义革命总路线的内容，即无产阶级领导的，人民大众的，反对帝国主义、封建主义和官僚资本主义的革命。

2. 提示：

政治纲领：推翻帝国主义和封建主义的统治，建立一个无产阶级领导的、以工农联盟为基础的、各革命阶级联合专政的新民主主义的共和国。

经济纲领：没收封建地主阶级的土地归农民所有，没收官僚资产阶级的垄断资本归新民主主义的国家所有，保护民族工商业。

文化纲领：无产阶级领导的人民大众的反帝反封建的文化，即民族的、科学的、大众的文化。

3. 提示：

（1）必要性：中国革命必须走农村包围城市、武装夺取政权的道路，这是由中国所处的时代特点和特殊国情决定的。

① 在半殖民地半封建的中国社会，内无民主制度而受封建主义的压迫，外无民族独立而受帝国主义的压迫。

② 近代中国是一个农业大国，农民占全国人口的绝大多数，是无产阶级可靠的同盟军和革命的主力军。

（2）重大意义：中国革命道路理论，是中国共产党运用马克思主义的立场、观点和方法，分析、研究和解决中国革命具体问题的光辉典范，反映了中国半殖民地半封建社会民主革命发展的客观规律，独创性地发展了马克思列宁主义。中国革命道路理论对于推进马克思主义中国化时代化具有重要的方法论意义。

4．提示：

（1）三大法宝：统一战线、武装斗争和党的建设。

（2）统一战线、武装斗争和党的建设三者之间的关系：统一战线和武装斗争是中国革命的两个基本特点，是战胜敌人的两个基本武器。统一战线是实行武装斗争的统一战线，武装斗争是统一战线的中心支柱，党的组织则是掌握统一战线和武装斗争这两个武器以实行对敌冲锋陷阵的英勇战士。

实践进行时

认识井冈山革命根据地

实践项目

了解井冈山革命根据地及在这里发生的革命故事。

实践方案

一、活动目的

井冈山作为一种特殊的符号已经成为中国历史上浓墨重彩的一笔，对于整个中华民族具有非常重要的意义。让学生通过搜集井冈山革命根据地的文字资料，充分认识革命的艰苦卓绝，深入理解农村包围城市、武装夺取政权的必要性及其重要意义，培养爱国主义精神。

二、活动方案

时间：课余时间完成。

地点：图书馆。

方式：分小组进行。

流程：

（1）分组。5人一组，每组选出一名组长，搜集井冈山革命根据地时期的相关资料。

（2）将所搜集的资料整理汇总，按时间顺序排列。

（3）将所搜集的资料制作成 PPT，在课堂上展示。

拓展阅读

实事求是：百年大党铸就辉煌的法宝

实事求是，是马克思主义的根本观点，是中国共产党认识世界、改造世界的根本要求，是我们党领导革命、建设和改革不断取得伟大胜利的思想路线，也是中国共产党铸就辉煌的重要法宝。

中国共产党成立以来，确立实事求是思想路线，革命从胜利走向胜利，中华民族站了起来

中国共产党创建伊始，就以马克思主义为指导思想，努力将其与中国革命实际相结合。但这不仅是理论问题，更是实践问题。在大革命后期和土地革命战争前期，我们党经历多次挫折，党的指导思想有把马克思主义教条化、把共产国际决议和苏联经验神圣化的倾向。1929 年底，毛泽东同志在古田会议决议中提出要“教育党员用马克思列宁主义的方法去作政治形势的分析和阶级势力的估量，以代替主观主义的分析和估量”。1930 年 5 月，他进一步提出，共产党的正确而不动摇的斗争策略，“是要在群众的斗争过程中才能产生的，这就是说要在实际经验中才能产生”。“一定要纠正脱离实际情况的本本主义”，这就需要“伸只脚到社会群众中去调查调查”，“没有调查，没有发言权”。这表明，毛泽东同志关于实事求是、理论联系实际的思想路线已初步形成。

全民族抗日战争初期，毛泽东同志在《实践论》和《矛盾论》中批判了“左”右倾机会主义错误，为党的马克思主义思想路线的确立奠定了认识论和方法论基础。随后，提出“马克思主义中国化”任务，并将其表述为“马克思列宁主义的理论和中国革命的实践相结合”原则。1941 年 5 月，他在《改造我们的学习》中，对古语“实事求是”作了新的界定和阐释，指出：“‘实事’就是客观存在着的一切事物，‘是’就是客观事物的内部联系，即规律性，‘求’就是我们去研究。”坚持“这种态度，就是党性的表现，就是理论和实际统一的马克思列宁主义的作风”。这就为全党确立马克思主义的实事求是思想路线奠定了理论基础。

延安整风运动，确立了实事求是的思想路线，使全党掌握了马克思主义普遍真理和中国革命实践相结合的正确方向。党的七大确立以马克思列宁主义的理论与中国革命的实践之统一的思想——毛泽东思想为全党的指导思想。实事求是既是党的思想路线，也是毛泽东思想活的灵魂，成为夺取中国革命胜利的重要法宝。在实事求是思想路线的指引下，我们党领导中国人民取得了新民主主义革命的伟大胜利，中华民族站起来了！

新中国成立以来，在实事求是思想路线指引下，社会主义基本制度立起来

新中国成立后的29年，是为建设社会主义而不懈探索最为复杂的时期。在艰辛探索的过程中，怎样坚持实事求是思想路线也经历了一个曲折的发展过程。

抗美援朝胜利和国民经济全面恢复后，党中央在开展“一五”计划时，坚持实事求是思想路线，创造一系列适合我国情况的由低级到高级的过渡形式，到1956年全国绝大部分地区基本完成“三大改造”。这标志着我国成功实现数千年历史上最深刻最伟大的社会变革，建立起社会主义基本制度，为当代中国一切发展进步奠定了根本政治前提和制度基础。

1957年反右派斗争开始后，党的指导思想发生很大变化。为了尽快改变国家贫穷落后面貌，在1958年提出社会主义建设总路线，发动“大跃进”和人民公社化运动。但实践证明，这样的运动违背经济发展客观规律，给国民经济发展和人民生活带来巨大损失。面对严重经济困难，毛泽东同志在1961年初号召全党大兴调查研究之风，恢复实事求是优良传统，决定对国民经济实行“调整、巩固、充实、提高”的八字方针。

“文化大革命”十年间，“左”的指导思想居于主导地位，背离了实事求是思想路线，给党和国家带来严重灾难。但是，党内尚存的一股坚持实事求是的健康力量，在对“左”倾错误和极“左”思潮的抵制和抗争中不断发展起来。特别是1972年周恩来同志领导批判极“左”思潮的艰辛努力和1975年邓小平同志领导的全面整顿，使国家政治经济社会形势有了明显好转。1976年10月，党中央一举粉碎“四人帮”，结束了“文化大革命”。此后，尽管我国一度出现了在徘徊中前进的局面，但如《关于建国以来党的若干历史问题的决议》所指出的，在新中国成立以来，我国取得的成就还是主要的。“我们在社会主义条件下取得了旧中国根本不可能达到

的成就，初步地但又有力地显示了社会主义制度的优越性。我们能够依靠自己的力量战胜各种困难，同样也是社会主义制度具有强大生命力的表现。”

改革开放以来，坚持实事求是思想路线，开辟中国特色社会主义道路，中国人民富起来

党的十一届三中全会，重新确立了解放思想、实事求是的思想路线，停止使用“以阶级斗争为纲”的错误提法，确定把全党工作的重点转移到社会主义现代化建设上来，作出实行改革开放的重大决策，实现了党的历史上具有深远意义的伟大转折。在解放思想、实事求是的思想路线指引下，党开辟了中国特色社会主义道路，团结带领中国人民实现从站起来到富起来的伟大飞跃。

邓小平同志指出：“毛泽东同志用中国语言概括为‘实事求是’四个大字。实事求是，一切从实际出发，理论联系实际，坚持实践是检验真理的标准，这就是我们党的思想路线。”改革开放以后，以邓小平同志、江泽民同志和胡锦涛同志为主要代表的中国共产党人接续奋斗，始终坚持实事求是这个须臾不可离开的重要法宝，推动中国特色社会主义事业不断发展，中国人民逐步富了起来。

第一，坚持社会主义初级阶段的基本路线不动摇。党的十三大制定了党在社会主义初级阶段的“一个中心、两个基本点”的基本路线。邓小平同志认为，解决中国的发展问题，关键是要坚持党的基本路线不动摇。在此基础上，江泽民同志提出了党在社会主义初级阶段的基本纲领。胡锦涛同志指出，一个中心、两个基本点，是相互贯通、相互依存、不可分割的统一整体，须臾不可偏离、丝毫不可偏废，必须全面坚持、一以贯之。

第二，坚持社会主义市场经济改革方向，使其体制机制愈益健全和完善。改革开放以来，我们党坚持实事求是思想路线，创造性地发展了马克思主义。邓小平同志在南方谈话中指出，社会主义要赢得与资本主义相比较的优势，就必须大胆吸收和借鉴人类社会创造的一切文明成果，包括资本主义发达国家的一切反映现代社会化生产规律的先进经营方式、管理方法，社会主义也可以搞市场经济。党的十四大作出重大决策：建立社会主义市场经济体制。以江泽民同志和胡锦涛同志为主要代表的中国共产党人，根据我国发展的实际情况，将其不断健全和完善，经济活力和国际竞争力显著增强。2010 年，我国一跃成为世界第二大经济体。

第三，坚持经济社会科学发展，不断处理好改革、发展和稳定等各种关系。改革开放以来，我国经济社会发展迅速。同时，发展不平衡、不协调、不可持续等问题显现出来。邓小平同志指出，发展起来以后的问题不比不发展时少。1995 年，江泽民同志论述了正确处理改革、发展、稳定这个总揽全局的，以及速度和效益、经济建设和人口资源环境、东部地区和中西部地区等十二大关系。2003 年，胡锦涛同志提出“科学发展观”概念，指出要牢固树立协调发展、全面发展、可持续发展的科学发展观。这是马克思主义同当代中国实际和时代特征相结合的产物，把我们党对中国特色社会主义规律的认识提高到新的水平。

第四，坚持独立自主外交方针和在国际风云变幻的严峻形势下中国在世界上的自处之道。国家要发展，人民要富裕，除了内部因素外，还要有和平的外部环境。改革开放以来，我国坚持独立自主的和平外交政策，把为改革开放和现代化建设争取较长时期的和平环境作为首要任务。20 世纪 80 年代中期，邓小平同志提出和平与发展是当代世界的两大主题，中国执行改革开放政策，争取在 50 年到 70 年的时间内发展起来。这个战略思想是我国处理国际事务的基本指针。20 世纪 80 年代末 90 年代初，国际风云急剧变幻。邓小平同志提出了冷静观察、稳住阵脚、沉着应付、韬光养晦、善于守拙、决不当头、有所作为等对外关系指导方针。此后，党中央遵循这个方针，妥善处理了若干一触即发的危机，为我国和平发展赢得了时间。

中国特色社会主义进入新时代，坚持实事求是思想路线，近代百年苦难的中国开始强起来

我们党是靠实事求是起家和兴旺发展起来的。实践反复证明，坚持实事求是，就能兴党兴国；违背实事求是，就会误党误国。党的十八大以来，习近平总书记多次强调，实事求是是马克思主义的精髓，是我们共产党人的重要思想方法。以习近平同志为核心的党中央始终坚持解放思想、实事求是的马克思主义思想路线，提出了一系列治国理政新理念新思想新战略，解决了许多长期想解决而没有解决的难题，党和国家事业发生历史性变革。

第一，面对脱贫攻坚艰巨任务，提出扶贫精准对策，取得脱贫攻坚战胜利，如期实现第一个百年奋斗目标——全面建成小康社会。2020 年实现全面建成小康社会这个目标是党中央向全国人民立下的军令状。但是到 2015 年还有 7 000 多万贫

困人口没有脱贫。如果按过去30多年年均减贫600多万人的速度计算，7 000多万人脱贫还需要11年。采用常规思路和办法，按部就班地干，很难在2020年按期完成任务。于是，习近平总书记带头深入贫困地区开展调查研究，走访全国14个集中连片特困地区，提出了精准扶贫、精准脱贫基本方略，解决了“扶持谁”、“谁来扶”、“怎么扶”和“如何退”等关键问题，要求省市县乡村五级书记一起抓扶贫，每个贫困户都有帮扶责任人。经过全党全国各族人民共同努力，我国提前10年实现联合国2030年可持续发展议程的减贫目标，对全球减贫贡献率超过70%，现行标准下9 899万农村贫困人口全部脱贫，832个贫困县全部摘帽，12.8万个贫困村全部出列，区域性整体贫困得到解决，完成了消除绝对贫困的艰巨任务。

第二，面对国内外许多新情况对我国经济社会发展的深刻影响，推出一系列重大改革，使我国经济社会发展不断走向强起来。面对世界经济复苏乏力、局部冲突和动荡频发、全球性问题加剧的外部环境，面对我国经济发展进入新常态等一系列深刻变化，以习近平同志为核心的党中央始终坚持一切从实际出发，开展实地调研掌握第一手资料，同时召开各领域专家代表座谈会，集思广益，探讨问题，研究对策，出台一系列深化改革的重大决策和举措，积极构建以国内大循环为主体、国内国际双循环相互促进的新发展格局，经济社会发展迈上新台阶。面对全球蔓延的新冠疫情和严峻复杂的国际形势，2020年我国成为全球唯一实现经济正增长的主要经济体，经济总量突破100万亿元大关，对全球经济增长的贡献超过1/3。

第三，面对世界发展新格局和全球治理体系需要的新变革，倡导构建人类命运共同体，空前提高了我国国际影响力、感召力和塑造力。坚持实事求是，最基础的工作在于搞清楚“实事”，就是了解实际、掌握实情。当今中国要搞清楚的“实事”有两个方面，除了要搞清楚国内的“实事”以外，还要搞清楚世界的“实事”。因为中国的发展已离不开世界，世界的繁荣也需要中国。当今中国虽然仍是发展中国家，但已成为世界第二大经济体，对于世界的发展既是重要的参与者，也要担负起重大责任。习近平总书记指出，中国人民的梦想同各国人民的梦想息息相通。实现中国梦，离不开和平的国际环境和稳定的国际秩序。要坚持正确义利观，谋求开放创新、包容互惠的发展前景，始终做世界和平的建设者、全球发展的贡献者、国际秩序的维护者。习近平总书记2017年1月在日内瓦万国宫全面阐述构建人类命运共同体的内涵后，这一理念随即载入联合国安理会决议。人类命运共同体的提出，实事求是地分析并揭示了当今世界历史进程的新特征、新规律和新趋势，为应对人类共同面临的问题提供了积极有效的解决方案。

第四，面对新形势下的“四大考验”和“四种危险”，提出全面从严治党，使党的力量更加强大起来。习近平总书记指出，坚持实事求是，就要坚持为了人民利益坚持真理、修正错误。要有光明磊落、无私无畏、以事实为依据、敢于说出事实真相的勇气和正气，及时发现和纠正思想认识上的偏差、决策中的失误、工作中的缺点，及时发现和解决存在的各种矛盾和问题，使我们的思想和行动更加符合客观规律、符合时代要求、符合人民愿望。“全面从严治党”，就是一场伟大的自我革命。一个时期以来，腐败现象的多发高发令人揪心，广大党员和干部群众无不为党和国家前途命运担忧。面对这样的严峻形势，以习近平同志为核心的党中央以雷霆万钧之势开展反腐败斗争，向党和人民交出了一份满意的答卷。同时，反复强调思想建党，练就共产党人的“金刚不坏之身”，进一步强化了对马克思主义的信仰、对社会主义和共产主义的信念；加强制度治党，初步形成以党章为根本、以巡视监督制度为利剑的党内法规制度体系；狠抓作风强党，严肃党内政治生活，长期以来的组织涣散、纪律松弛的宽松软局面有了很大转变。“全面从严治党”，丰富和发展了马克思主义党建理论，解决了党和国家事业发展带有全局性、根本性、方向性的问题，使我们党对党的建设规律认识提到新高度。

习近平总书记指出：“我们过去取得的一切成就都是靠实事求是。今天，我们要把中国特色社会主义事业继续推向前进，还是要靠实事求是。”实事求是，既是中国共产党铸就辉煌的重要法宝，也是我们党再铸辉煌的重要法宝。

【石仲泉，实事求是：百年大党铸就辉煌的法宝．党建，2021年第7期】

第三章

★

社会主义改造理论

学习引导

学习目标

（1）知道并理解新民主主义社会是一个过渡性的社会。

（2）掌握党在过渡时期的总路线及其依据。

（3）掌握党对农业、手工业和资本主义工商业社会主义改造的方法。

（4）深刻认识社会主义改造的历史经验。

（5）了解社会主义基本制度的确立及其理论依据。

（6）理解确立社会主义基本制度的重大意义。

学习重点

（1）新民主主义社会的性质及特点。

（2）“一化三改”的含义及其相互关系。

（3）我国对资本主义工商业改造采取和平赎买方式的必要性。

学习难点

（1）中国走上社会主义道路是历史的选择。

（2）社会主义改造的主要经验对于我们今天正在进行的中国特色社会主义建设伟大事业的启示。

知识概括

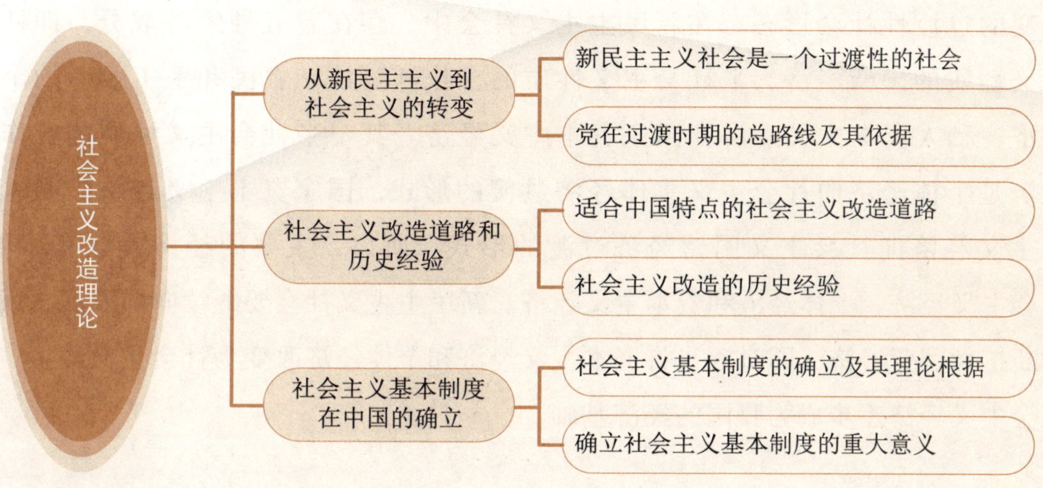
社会主义改造理论
从新民主主义到社会主义的转变
新民主主义社会是一个过渡性的社会
党在过渡时期的总路线及其依据
社会主义改造道路和历史经验
适合中国特点的社会主义改造道路
社会主义改造的历史经验
社会主义基本制度在中国的确立
社会主义基本制度的确立及其理论根据
确立社会主义基本制度的重大意义

一、从新民主主义到社会主义的转变

（一）新民主主义社会是一个过渡性的社会

从中华人民共和国成立到社会主义改造基本完成，是我国从新民主主义向社会主义的过渡时期。这一时期，我国社会的性质是新民主主义社会。

新民主主义社会不是一个独立的社会形态，而是由新民主主义向社会主义转变的过渡性社会形态。在新民主主义社会中，存在着五种经济成分，即社会主义性质的国营经济、半社会主义性质的合作社经济、农民和手工业者的个体经济、私人资本主义经济和国家资本主义经济。其中半社会主义性质的合作社经济是个体经济向社会主义集体经济过渡的形式，国家资本主义经济是私人资本主义经济向社会主义国营经济过渡的形式。所以，主要的经济成分有三种：社会主义经济、个体经济和资本主义经济。新民主主义社会要继续向前发展，就要不断扩大国营经济，同时逐步将资本主义经济和个体经济改变为社会主义经济，使社会主义经济逐步成为我国的经济基础。

（二）党在过渡时期的总路线及其依据

1. 党在过渡时期的总路线的提出

中国必须走社会主义道路，新民主主义社会要过渡到社会主义社会，这在民主革命时期已经明确。但对于何时过渡、怎样过渡的问题，毛泽东和党的其他领导人的认识经历了一个逐步发展变化的过程。

根据实践的发展和形势的变化，1952 年 9 月，毛泽东提出了中国逐步过渡到社会主义的指导方针和大致设想，强调我们现在就要开始用 10 到 15 年时间基本上完成向社会主义过渡。1953 年 6 月，毛泽东在中央政治局会议上正式提出过渡时期的总路线和总任务。1953 年 12 月，在由中共中央宣传部拟订、经毛泽东亲自修改和中共中央批准的文件《为动员一切力量把我国建设成为一个伟大的社会主义国家而斗争——关于党在过渡时期总路线的学习和宣传提纲》中，对过渡时期总路线进行了完整的表述：“从中华人民共和国成立，到社会主义改造基本完成，这是一个过渡时期。党在这个过渡时期的总路线和总任务，是要在一个相当长的时期内，逐步实现国家的社会主义工业化，并逐步实现国家对农业、对手工业和对资本主义工商业的社会主义改造。”1954年9月，第一届全国人民代表大会第一次全体会议将这条总路线写入了《中华人民共和国宪法》，用法律的形式将其确定了下来。

2. 党在过渡时期的总路线的理论依据

马克思列宁主义关于过渡时期的理论，是党在过渡时期总路线提出的主要理论依据。过渡时期或革命转变时期这个特定的历史概念，是由马克思首先提出来的。列宁根据俄国革命的实践，发展了马克思关于过渡时期的理论。无产阶级政党在这个时期的重要任务，是利用无产阶级专政的国家政权，建立社会主义经济，实现社会主义工业化。

3. 党在过渡时期的总路线的现实依据

经过1949年到1952年三年的努力，我国已经有了相对强大和迅速发展的社会主义国营经济，这为党提出向社会主义过渡的总路线提供了物质基础。土地革命完成后，广大农民具有走互助合作道路的要求。在国民经济恢复时期，党在一些老解放区大力推广农业互助组，并着手组织以土地入股为主要特征的半社会主义性质的初级合作社。这也为党提出向社会主义过渡的总路线提供了重要依据。

新中国成立初期，党和国家在合理调整工商业的过程中，出现了一系列从低级到高级的国家资本主义形式。国家在利用和限制资本主义工商业的过程中所积累的经验，成为对资本主义经济进行社会主义改造的最初步骤。这也成为党提出向社会主义过渡的总路线的又一个重要因素。

当时的国际形势也有利于中国向社会主义过渡。

二、社会主义改造道路和历史经验

（一）适合中国特点的社会主义改造道路

1. 农业的社会主义改造

对农业的社会主义改造，是三大改造中首先进行的。以毛泽东同志为主要代表的中国共产党人根据马克思列宁主义关于农业社会主义改造的基本原理，从我国农村实际出发，制定并实行了一整套适合中国特点的对农业进行社会主义改造的方针、政策和办法，开辟了一条适合我国情况的农业社会主义改造道路。主要有四点：一是积极引导农民组织起来，走互助合作道路；二是遵循自愿互利、典型示范和国家帮助的原则，以互助合作的优越性吸引农民走互助合作道路；三是正确分析农村的阶级和阶层状况，制定正确的阶级政策；四是坚持积极领导、稳步前进的方针，采取循序渐进的步骤。农业社会主义改造大体上经历了互助组、初级社和高级社三个发展阶段。

2. 手工业的社会主义改造

对手工业的社会主义改造是通过合作化道路，把个体手工业经济改造成为社会主义经济的过程。对手工业的社会主义改造，党和政府采取了“积极领导、稳步前进”的方针。在方法步骤上，从供销合作入手，逐步发展到走生产合作的道路。具体来说，手工业的社会主义改造经历了由小到大、由低级到高级的三个步骤。第一步是办手工业供销小组。供销小组具有社会主义萌芽性质。第二步是办手工业供销合作社。供销合作社具有半社会主义性质。第三步是建立手工业生产合作社。手工业生产合作社是社会主义性质的集体经济组织。在手工业的社会主义改造过程中，党和政府采取说服教育、典型示范和国家帮助的方法，使手工业者自愿参加到手工业合作社中来。

3. 资本主义工商业的社会主义改造

在推进农业合作化运动的同时，党和政府有计划、有步骤地开展了对资本主义工商业的社会主义改造，创造性地开辟了一条适合中国情况的对资本主义工商业进行社会主义改造的道路。主要有三种方式。一是用和平赎买的方法改造资本主义工商业。国家有偿地将私营企业改变为国营企业，将资本主义私有制改变为社会主义公有制。二是采取从低级到高级的国家资本主义的过渡形式。我国社会主义改造中出现的国家资本主义经济，是在人民政府管理之下的，用各种形式和国营社会主义经济联系着的，并受工人监督的资本主义经济。这种新式国家资本主义经济是带着很大的社会主义性质的，是对工人和国家有利的。三是把资本主义工商业者改造成为自食其力的社会主义劳动者。对企业的改造和对人的改造相结合，改造资本家个

人与消灭他们所属的资产阶级相结合，既避免了激烈的阶级对抗，减少了改造的阻力，又推动了生产力的发展和社会的进步。

（二）社会主义改造的历史经验

1. 坚持社会主义工业化建设与社会主义改造同时并举

实践证明，党坚持社会主义改造与社会主义工业化同时并举的方针，对于在深刻的社会变革中保持社会稳定，促进生产力发展，逐步改善人民生活，推动社会进步，都具有十分重要的意义。

2. 采取积极引导、逐步过渡的方式

我国对农业、手工业和资本主义工商业的改造，都采取了区别对象、积极引导、逐步过渡的方式。在农业社会主义改造方面，创造出互助组、初级社、高级社等过渡形式。在手工业改造方面的逐步过渡，不仅保护和促进了手工业生产的发展，而且为手工业逐步进行技术改造创造了条件。在资本主义工商业的改造中，创造出从初级到高级的各种国家资本主义的过渡形式，实现了对资产阶级的和平赎买，创造了不是由国家支付大笔赎金，而是在相当一段时期让资本家继续从企业分得一部分红利和股息的方法，不仅有利于资本家接受改造，而且能继续发挥私营工商业在扩大生产、维持就业、增加税收等方面的积极作用。

3. 用和平方法进行改造

无论是资本主义工商业，还是农民和手工业者的个体所有制，都具有私有制的性质。对其进行改造，属于社会主义革命性质。

三、社会主义基本制度在中国的确立

（一）社会主义基本制度的确立及其理论根据

1. 社会主义基本制度的确立

1956 年底，我国对农业、手工业和资本主义工商业的社会主义改造基本完成。

社会主义改造的基本完成和由此带来的社会各方面的变化，表明社会主义制度已经在我国的经济领域、政治领域及社会生活其他领域基本确立，表明我国由一个新民主主义的国家转变为社会主义国家。

（1）经济制度的建立。社会主义改造的基本完成，使我国社会经济结构发生了根本变化，全民所有制和劳动群众集体所有制经济这两种社会主义经济成分已占绝对优势，社会主义公有制已成为我国社会的经济基础。

（2）社会主义政治制度的确立。1954年9月，第一届全国人民代表大会的召开和《中华人民共和国宪法》的制定及颁布施行，为逐步健全和完善我国社会主义政治制度奠定了坚实的基础，成为我国社会主义民主政治建设的里程碑。这部宪法明确规定了我国人民民主专政的国体和人民代表大会制度的政体。人民代表大会制度这一根本政治制度、中国共产党领导的多党合作和政治协商制度、民族区域自治制度这些基本政治制度的确立，构成了社会主义的政治制度体系。

（3）阶级关系发生根本变化。伴随着社会经济制度和社会经济结构的根本变化，我国社会的阶级关系也发生了根本的变化。官僚资产阶级及其他剥削阶级被消灭，广大劳动者成为掌握生产资料的国家和社会的主人以及掌握自己命运的主人。

（4）我国的主要矛盾已经是人民对于经济文化迅速发展的需要同当前经济文化不能满足人民需要状况之间的矛盾。

2. 社会主义基本制度确立的理论依据

列宁在经济文化相对落后的国家可以先于发达国家进入社会主义的理论，是我国确立社会主义基本制度的理论依据。但这个社会主义需要经历一个不可能超越的社会主义初级阶段。实践证明，一方面，中国可以在没有实现工业化的情况下进入社会主义，社会主义基本制度的确立正是为了推进中国的工业化、现代化建设；另一方面，由于经济文化还比较落后，中国的社会主义还只能是初级阶段的社会主义，或者叫社会主义初级阶段。不经过社会生产力的极大发展，是不可能超越这个阶段的。

（二）确立社会主义基本制度的重大意义

（1）社会主义基本制度的确立是中国历史上最深刻最伟大的社会变革，为当代中国一切发展进步奠定了制度基础，也为中国特色社会主义制度的创新和发展提供了重要前提。

（2）社会主义基本制度的确立，极大地提高了工人阶级和广大劳动人民的积极性和创造性，极大地促进了我国社会生产力的发展。

（3）社会主义基本制度的确立，使广大劳动人民真正成为国家的主人。这是中国几千年来阶级关系的最根本变革，极大地巩固和扩大了工人阶级领导的、以工农联盟为基础的人民民主专政国家政权的阶级基础和经济基础。

（4）中国社会主义基本制度的确立，使占世界人口 1/4 的东方大国进入了社会主义社会，这是世界社会主义发展史上又一个历史性的伟大胜利。它进一步改变了世界政治经济格局，增强了社会主义的力量，对维护世界和平产生了积极影响。

（5）社会主义基本制度的确立，是以毛泽东同志为主要代表的中国共产党人对一个脱胎于半殖民地半封建的东方大国如何进行社会主义革命问题的系统回答和正确解决，是马克思列宁主义关于社会主义革命理论在中国的正确运用和创造性发展的结果。它不仅再次证明了马克思列宁主义的真理性，而且以其独创性的理论原则和经验总结丰富和发展了科学社会主义理论。

学习自测

一、单项选择题

1. 新中国初期建立社会主义国营经济的主要途径是（　　）。

   A. 没收帝国主义在华企业　　B. 没收官僚资本

   C. 赎买民族资产阶级的财产　　D. 剥夺地主阶级的财产

2. 中国共产党在过渡时期总路线的主体是（　　）。

   A. 对农业的社会主义改造　　B. 对资本主义工商业的社会主义改造

   C. 对手工业的社会主义改造　　D. 实现国家的社会主义工业化

3. 1949 年党的七届二中全会提出了“两个转变”，是中国（　　）。

   A. 由农业国转变为工业国，由新民主主义国家转变为社会主义国家

   B. 由农业国转变为工业国，由新民主主义国家转变为共产主义国家

C．由工业国转变为农业国，由新民主主义国家转变为社会主义国家

D．由农业国转变为工业国，由社会主义国家转变为共产主义国家

4．过渡时期总路线的主要内容被概括为“一化三改”，其中“一化”是指（　　）。

A．社会主义工业化　　B．社会主义现代化

C．农业机械化　　D．农业集体化

5．在新民主主义社会中，存在着（　　）经济成分。

A．三种　　B．四种

C．五种　　D．六种

6．中国从新民主主义社会向社会主义社会转变的开端是（　　）。

A．中华人民共和国的成立　　B．过渡时期总路线的公布

C．五四运动　　D．社会主义改造的基本完成

7．在社会主义改造中，对资本主义工商业赎买的具体方式是（　　）。

A．由国家没收资本家的资本

B．由国家支付一笔巨额补偿资金

C．由国家象征性地支付一笔补偿资金

D．让资本家在一定年限内从企业经营所得中获取一部分利润

8．新中国进入社会主义初级阶段的标志是（　　）。

A．中华人民共和国的成立　　B．社会主义改造的基本完成

C．十一届三中全会的召开　　D．民主革命遗留任务的完成

9．新民主主义社会向社会主义社会转变的根本保证是（　　）。

A．马克思主义指导思想地位的确立

B．人民民主专政政权在全国范围的建立

C．社会主义国营经济领导地位的确立

D．共产党领导的人民武装力量的壮大

10．《中华人民共和国宪法》明确规定了我国（　　）的国体和（　　）的政体。

A．人民民主专政、人民代表大会　B．人民代表大会、人民民主专政

C．人民民主专政、多党合作　　D．多党合作、人民代表大会

11．我国农业合作化采取的第一个步骤是（　　）。

A．互助组　　B．初级农业生产合作社

C．高级农业生产合作社　　D．人民公社

12．我国历史上长达数千年的剥削阶级制度结束的标志是（　　）。

A．中华人民共和国的成立　　B．全国大陆的统一

C．三大改造的完成　　D．土地改革的完成

13．我国对资本主义工商业社会主义改造采取的政策是（　　）。

A．加工定货　　B．统购统销

C．公私合营　　D．和平赎买

14．社会主义制度在中国确立的主要标志是（　　）。

A．中华人民共和国的成立　　B．国民经济的恢复与调整

C．《中华人民共和国宪法》的颁布　D．社会主义改造的胜利完成

15．社会主义改造基本完成后，我国国家政治生活的主题是（　　）。

A．集中力量发展生产力

B．正确处理人民内部矛盾

C．进行思想战线上的社会主义革命

D．加强社会主义民主与法制建设

16．中国在对资产阶级工商业实行社会主义改造的过程中，在利润分配上采取的政策是（　　）。

A．统筹兼顾　　B．劳资两利

C．公私兼顾　　D．四马分肥

17．社会主义改造基本完成后，中国共产党的中心任务是（　　）。

A．调动一切积极因素，为社会主义事业服务

B．正确处理人民内部矛盾，巩固社会主义制度

C．集中力量发展生产力，建设社会主义现代化强国

D．加强和改进党的建设，巩固党的执政地位

18．毛泽东在《关于正确处理人民内部矛盾的问题》讲话中指出，社会主义社

会的基本矛盾是（　　）。

A．无产阶级和资产阶级之间的矛盾

B．生产和需求之间的矛盾

C．敌我之间的矛盾、人民内部之间的矛盾

D．生产关系和生产力之间的矛盾、上层建筑和经济基础之间的矛盾

19．我国对资本主义工商业的社会主义改造基本完成的标志是（　　）。

A．加工订货的实行　　B．单个企业公私合营的实现

C．统购包销的实行　　D．全行业公私合营的实现

20．在社会主义改造基本完成以后，正确处理人民内部矛盾成为国家政治生活的主题。中国共产党提出的正确处理人民内部矛盾的方针政策中不包括（　　）。

A．统筹兼顾，适当安排　　B．有理、有利、有节

C．百花齐放，百家争鸣　　D．长期共存，互相监督

二、多项选择题

1．新中国成立初期，建立社会主义国营经济的主要途径有（　　）。

A．没收地主阶级的土地

B．没收四大家族的官僚垄断资本

C．没收民族资本家的企业

D．对外国资本主义在华的企业采取管制、征用等做法，使之逐步归国家所有

2．党在过渡时期总路线的提出，具有必要性，这种必要性主要表现在（　　）。

A．我国已经有了相对强大和迅速发展的社会主义国营经济

B．实现社会主义工业化，是国家独立和富强的必然要求和必要条件

C．当时的国际形势也有利于中国向社会主义过渡

D．对个体经济和私营资本主义工商业进行社会主义改造，是实现社会主义工业化的客观需要

3．对资本主义工商业进行社会主义改造过程中的“四马分肥”是指将企业利润分为（　　）几个方面。

A．国家所得税　　B．企业公积金

C．工人福利费　　D．资方红利

4. 在新民主主义社会中，主要的经济成分有（　　）。

A. 社会主义经济　　B. 个体经济

C. 资本主义经济　　D. 共产主义经济

5. 党在过渡时期的总路线主要内容是（　　）。

A. 没收官僚垄断资本和民族资本

B. 没收地主的土地

C. 逐步实现社会主义的工业化

D. 逐步实现对农业、手工业、资本主义工商业的社会主义改造

6. 初级形式的国家资本主义有（　　）。

A. 委托加工　　B. 计划订货

C. 统购包销　　D. 委托经销代销

7. 对个体农业、手工业和资本主义工商业进行社会主义改造，是为了（　　）。

A. 确立社会主义生产关系　　B. 健全社会主义上层建筑

C. 继续解放和发展生产力　　D. 为实现社会主义工业化创造必要条件

8. 从中华人民共和国成立到社会主义改造基本完成，是我国从新民主主义到社会主义的过渡时期。这一时期中国社会的阶级构成主要包括（　　）。

A. 工人阶级　　B. 农民阶级

C. 民族资产阶级　　D. 城市小资产阶级

9. 我国对资本主义工商业进行社会主义改造的经验主要有（　　）。

A. 严格区别官僚资本和民族资本的界限，实行和平赎买，和平地实现了生产关系的深刻变革

B. 创造了国家资本主义的多种形式，采取了由低级到高级逐步过渡的形式

C. 把对企业的改造和对资本家的改造结合起来，把资本家改造成为自食其力的劳动者

D. 对私人资本主义的赎买政策应始终坚持采取“四马分肥”

三、判断题

1. 从中华人民共和国成立到社会主义改造基本完成，是我国从新民主主义到社会主义过渡的时期。这一时期，我国社会的性质是社会主义社会。（　　）

2. 新民主主义社会是一个独立的社会形态，是介于资本主义和社会主义之间的一种社会形态。 (　　)

3. 中华人民共和国成立标志着中国历史上长达数千年的阶级剥削制度的结束，实现了由新民主主义向社会主义的转变，社会主义基本制度在我国初步确立。 (　　)

4. 我国社会主义改革实质是对20世纪50年代中期社会主义改造的否定。 (　　)

5. 赎买就是国家无偿地将私营企业改变为国营企业，将资本主义私有制改变为社会主义公有制。 (　　)

6. 新民主主义社会是从半殖民地半封建社会通向社会主义社会的中介和桥梁。 (　　)

7. 没收官僚资本，就其革命性质是新民主主义革命。 (　　)

8. 由于消灭了剥削阶级，所以社会主义社会就没有矛盾了。 (　　)

9. 党在过渡时期的总路线的集中概括是“一化三改”。 (　　)

10. 新中国成立后，我国社会的主要矛盾已经是无产阶级与资产阶级的矛盾。因此，对资本主义应该实行消灭政策。 (　　)

11. 1953年，中共中央提出和制定的过渡时期总路线的实质是改变所有制结构。 (　　)

12. 通过社会主义改造，把资本主义工商业者改造成为自食其力的社会主义劳动者。 (　　)

13. 高级农业生产合作社是半社会主义性质的。 (　　)

14. 对资本主义工商业的改造是采用剥夺的方式。 (　　)

15. 在社会主义改造时期我们用和平赎买的方法改造资本主义工商业。 (　　)

16. 社会主义制度的确立，为中国社会的进步和发展创造了基本的前提。 (　　)

17. 初级农业生产合作社是完全社会主义性质的。 (　　)

18. 过渡时期的总路线是一条社会主义建设和社会主义改造同时并举的路线。 (　　)

19．对资本主义工商业的改造采取的是国家资本主义的过渡形式。 （ ）

20．实现社会主义工业化，是国家独立和富强的必要条件。 （ ）

四、简答题

1．为什么说新民主主义社会是一个过渡性社会？

2．怎样理解党在过渡时期的总路线？

3．如何认识我国社会主义改造的历史经验？

4．如何理解中国确立社会主义基本制度的重大意义？

参考答案

一、单项选择题

1．B	2．D	3．A	4．A	5．C
6．A	7．D	8．B	9．B	10．A
11．A	12．C	13．D	14．D	15．B
16．D	17．C	18．D	19．D	20．B

二、多项选择题

1．BD	2．BCD	3．ABCD	4．ABC	5．CD
6．ABCD	7．ABCD	8．ABCD	9．ABC	

三、判断题

1．×	2．×	3．×	4．×	5．×
6．√	7．×	8．×	9．√	10．×
11．√	12．√	13．×	14．×	15．√
16．√	17．×	18．√	19．√	20．√

四、简答题

1．提示：

从中华人民共和国成立到社会主义改造基本完成，是我国从新民主主义到社会主义的过渡时期。这一时期，我国社会的性质是新民主主义社会。新民主主义社会不是一个独立的社会形态，而是由新民主主义向社会主义转变的过渡性社会形态。在新民主主义社会中，存在着五种经济成分，即社会主义性质的国营经济、半社会主义性质的合作社经济、农民和手工业者的个体经济、私人资本主义经济和国家资本主义经济。其中半社会主义性质的合作社经济是个体经济向社会主义集体经济过渡的形式，国家资本主义经济是私人资本主义经济向社会主义国营经济过渡的形式。

与新民主主义时期三种不同性质的主要经济成分相联系，中国社会的阶级构成主要是工人阶级、农民阶级和其他小资产阶级、民族资产阶级等基本的阶级力量。由于农民和手工业者的个体经济既可以自发地走向资本主义，也可以被引导走向社会主义，其本身并不代表一种独立的发展方向。随着土地改革的基本完成，工人阶级和资产阶级的矛盾逐步成为我国社会的主要矛盾。只有解决了这一矛盾，才能使中国社会实现向社会主义的转变。

在新民主主义社会中，社会主义的因素不论在经济上还是在政治上都已经居于领导地位，但非社会主义因素仍有很大比重。社会主义因素居于领导地位，加上当时有利于发展社会主义的国际条件，决定了社会主义因素将不断增长并获得最终胜利，非社会主义因素将不断受到限制和改造。为了促进社会生产力的进一步发展，为了实现国家富强、民族复兴、人民幸福，我国新民主主义社会必须适时地逐步过渡到社会主义社会。新民主主义社会是属于社会主义体系的，是逐步过渡到社会主义社会的过渡性质的社会。

2．提示：

党在过渡时期的总路线的完整表述：“从中华人民共和国成立，到社会主义改造基本完成，这是一个过渡时期。党在这个过渡时期的总路线和总任务，是要在一个相当长的时期内，逐步实现国家的社会主义工业化，并逐步实现国家对农业、对手工业和对资本主义工商业的社会主义改造。”

党在过渡时期总路线的主要内容被概括为“一化三改”。“一化”即社会主义工业化，“三改”即对个体农业、手工业和对资本主义工商业的社会主义改造。“一化三改”是一条社会主义建设与社会主义改造同时并举的路线，体现了社会主义工业化和社会主义改造的紧密结合，体现了解放生产力与发展生产力、变革生产关系与发展生产力的有机统一。

3. 提示：

（1）坚持社会主义工业化建设与社会主义改造同时并举。

（2）采取积极引导、逐步过渡的方式。

（3）用和平方法进行改造。

4. 提示：

（1）社会主义基本制度的确立是中国历史上最深刻最伟大的社会变革，为当代中国一切发展进步奠定了制度基础，也为中国特色社会主义制度的创新和发展提供了重要前提。

（2）社会主义基本制度的确立，极大地提高了工人阶级和广大劳动人民的积极性、创造性，极大地促进了我国社会生产力的发展。

（3）社会主义基本制度的确立，使广大劳动人民真正成为国家的主人。这是中国几千年来阶级关系的最根本变革，极大地巩固和扩大了工人阶级领导的、以工农联盟为基础的人民民主专政国家政权的阶级基础和经济基础。

（4）中国社会主义基本制度的确立，使占世界人口 1/4 的东方大国进入了社会主义社会，这是世界社会主义发展史上又一个历史性的伟大胜利。

（5）社会主义基本制度的确立，是以毛泽东同志为主要代表的中国共产党人对一个脱胎于半殖民地半封建的东方大国如何进行社会主义革命问题的系统回答和正确解决，是马克思列宁主义关于社会主义革命理论在中国的正确运用和创造性发展的结果。它不仅再次证明了马克思列宁主义的真理性，而且以其独创性的理论原则和经验总结丰富和发展了科学社会主义理论。

实践进行时

社会调查：百姓眼中的社会主义改造

实践项目

开展社会调查，了解更多社会主义改造的故事。

实践方案

一、活动目的

让学生认识我党开辟适合中国特点的社会主义改造道路的意义，了解我党的创业精神和创新精神。感受社会主义制度来之不易，进一步认识到应该为祖国的发展作出自己应有的贡献。

二、活动方案

时间：课余时间完成。

地点：校外。

方式：分小组进行。

流程：

（1）分组。5人一组，每组选出一名组长，走访在社会主义改造期间生活的老人，通过他们的讲述了解社会主义改造的一些实际情况。

（2）结合所搜集的资料，在网上查找相关文字或图片。

（3）将小组搜集的有趣的故事或事件制作成PPT，在课堂上展示。

拓展阅读

亲见同仁堂新生

众所周知，同仁堂是闻名全国的中药店，总店设在北京，创建于清朝康熙八年（1669年）。乾隆十八年（1753年），一场大火将同仁堂毁于一旦，又逢掌门人谢世，在清廷主持下，开始招募股本，此后，乐家药铺便成了外姓多股经营。道光二十三年（1843年），乐氏十世乐平泉光复祖业，重现同仁堂盛世。1948年底时，京城同仁堂乐氏第十三世乐松生主事。此时，同仁堂资产约有80万元（旧币），职工190余人。

新中国成立初期，随着农业合作化高潮的来临，城市资本主义同农村的联系被割断，资本主义独立生存的条件已经失去，资本家第一次发现自己真正处于孤立无援的境地，他们开始意识到，工商业改造已是大势所趋。于是，他们当中的一些人

开始对前途感到茫然，终日惶惶不安，甚至对生产已是无心过问了。在公私合营之前的同仁堂也曾经是这样的状态，乐氏企业有好几家，谁也不好好经营企业，也不肯带头申请公私合营，同仁堂的发展一度停滞不前。

那时同仁堂虽然有190余名职工，但是做药的工人也就40多个。新中国成立以后，尤其是1950年、1951年，政府不仅没有没收同仁堂的财产，反而加大了对民族资本家的扶持，帮助同仁堂和全国合作总社等签订了销售合同，40多个工人一下子就忙不过来了。

率先合营

1952年，时任北京市市长彭真来到同仁堂视察。由于中药原来只有丸、散、膏、丹四种形式，彭真希望国药也能搞搞创新，他建议同仁堂能够把中药片剂也研制出来。

为了避免损害同仁堂的利益，乐松生先以天津达仁堂的名义成立了国药研究所，并聘请了北京大学医学院教授郑启栋从事中药剂研究。1953年，郑启栋带领学生成功研制出了银翘解毒片、香连片、女金丹片和黄连上清片等四种片剂，改变了中药没有片剂的历史。后来又相继制成舒肝片、藿香正气片、祛暑片等，大大方便了顾客。

那几年，在政府扶植下，同仁堂的生产逐步发展起来，这可比同仁堂自己经营强多了。原来同仁堂经营讲究只此一家，别无分号，乐家的子女们所开的店都不能用同仁堂的名字。所以原来一个店的时候人手还能忙过来，可是大量的合同签下以后，工人们就不够用了。1953年，北京市工会组织就在北京市的其他药店里抽调了100余名表现积极的青年充实到同仁堂，这才让同仁堂的职工人数一下子增加到了280多人。我那时在另一家药店工作，因为我是共青团的积极分子，也一起来到了同仁堂。开始我做“给药丸制造蜡皮”的工作，一年后调到了同仁堂的门市药店做保管员。

乐松生亲眼看到了共产党对民族资产阶级的保护，他对公私合营的事也积极起来了。于是他响应中国共产党的号召走社会主义道路。他也开始慢慢地说服自己的家里人接受公私合营。1954年，乐松生带头向国家递交了公私合营申请。同年7月28日，由11人组成的工作组入驻同仁堂。

那时同仁堂成立了清产核资领导小组，起草公私合营协议书。搞清产核资时我是青年组长，参与清产核资。我清楚地记得工人们在清产核资上和乐家人有分歧，比如桌子坏了，工人们不想算作资产，可是乐松生却说修修还能用哪能不算，等等。

1954 年 8 月 27 日，同仁堂公私合营大会召开，公私双方在协议书上签字。

公私合营对于同仁堂的工人们来说非常高兴，因为他们感觉一下子解放了。原来同仁堂有一个规矩，就是招来的工人都要改名字，工人们虽然感觉受了侮辱，但是也没有办法。合营后工人们自己的名字恢复了，大家也都更积极地去做工了。

同仁堂是提前一年多的时间合营的，同仁堂合营后，推动了北京市其他私营工商业的合营。1955 年初，彭真到同仁堂检查工作并会见了乐松生，肯定了他在公私合营中的表现。不久，毛泽东、周恩来在中南海接见了乐松生，毛泽东亲切地询问了乐松生的生活、工作和同仁堂生产情况，勉励他为国家医药事业多做贡献。周恩来转达了他的妻子邓颖超对乐松生的问候。邓颖超早年曾在天津达仁女子学校任教，而这所学校的创始人是乐松生的伯父乐达仁。

四马分肥

公私合营后的同仁堂，企业的性质发生了根本性的改变。同仁堂内部建立健全了党、政、工、团的领导组织，增建了企业各项的管理制度。国家还投资扩建厂房，增添生产设备，促进生产迅速发展。在管理上，破除了不适应当时生产力发展的经营方式，原来同仁堂是一厂一店，自己生产自己销售，生产面比较小。公私合营后，企业在国家统一安排下，北京市别家店的药同仁堂也可以生产销售；同时在销售方面，也由一家一店自己销售，扩大到全国销售。

同时，在国家的扶持下，同仁堂像中国其他中药企业一样，彻底摆脱了手工作坊式的生产模式，简单的手工操作逐渐被机械化、半机械化的设备所替代，比如说球磨粉碎机。再如混合，原来是手工套研，现在变为机器混合；熬膏药原来是两个小锅，前锅后锅，一天就这么熬，后来就变成大锅，像井似的，直径有一米多、深三米，熬膏药也变成机械化了，比过去规模也大了。结果是素以“质高价昂”知名于世的北京同仁堂成药，在公私合营后连续几次降价，成为质高价廉的产品，受到了广大人民群众的热烈欢迎。

1956 年，同仁堂建立了工厂管理委员会，简称工管会，目的是对同仁堂实现企业民主管理。工管会只承担决策，而不是一个生产管理的执行机构。工管会的建立，进一步完善了同仁堂的管理体制。

实行公私合营后，企业利润被分成国家所得税、企业公积金、工人福利费、资方红利四个部分，即“四马分肥”，国家和工人所得占了大头。作为中国民族资本家的代表，同仁堂的乐氏家族经历过彷徨不安到主动接受的过程，但后来发现，“四马分肥”不但没有减少他们的收入，反而给他们带来了更高的红利，工人的收入亦因此翻了番。比如新中国成立前，四大房每年在铺面上提取银子 4 万两，新中国成立后四大房每年提取 5.6 万两。1953 年，按照“四马分肥”原则，四大房共分得红利 171 561 元，超过原来所得两倍多。仍任经理的乐松生乐不可支：“原来担心合营会影响生产，没想到合营后业务发展这样好。”

好产品不愁没有销路。那时候，门市部抓药从每天几十服，增加到每天 200 多服。邮寄部表现得最明显，原来只有几个人，后来邮寄部增加到 40 多人还忙不过来，我们经常要过去帮忙。

公司效益好了，工人的收入亦翻了番。同仁堂的待遇本来就比别的药店丰厚。我在其他药店工作时，一个月的收入能买 120 斤小米。1953 年 1 月，我在同仁堂工作，月收入能买 180 斤小米。而“四马分肥”后，我的工资开到了每月 62.5 元，而当时的小米是每斤一毛三，我的工资合 480 斤小米。收入只是一方面，另一方面公私合营后的工人们有了“主人公”的感觉，干劲十足。以前再怎么样也是给东家干活儿，公私合营后，我们就是给自己干活儿了。

有一组数据最能说明同仁堂公私合营以后的成果，1949 年到 1959 年十年间，同仁堂的职工从 194 人增加到 540 人，其中 460 多人是纯工人，生产总值也从 1948 年的 16 万增加到了 1959 年的 1 251 万。

1955 年，乐松生当选为北京市人大代表、市政协委员，后又出任北京市副市长。1956 年 1 月 15 日，北京市各界举行庆祝社会主义改造胜利大会，乐松生代表北京市工商界同业登上了天安门城楼，向毛泽东、刘少奇、周恩来等党和国家领导人报喜。

【口述者李建勋，《中国经济周刊》记者宋雪莲采访整理，亲见同仁堂新生 . 中国经济周刊，2009 年第 38 期】

第四章

社会主义建设道路
初步探索的理论成果

学习引导

学习目标

（1）明确社会主义建设道路的初步探索所取得的重要理论成果。

（2）理解调动一切积极因素为社会主义事业服务的思想。

（3）了解社会主义社会的基本矛盾。

（4）正确认识和处理社会主义社会矛盾的思想。

（5）准确理解走中国工业化道路的思想。

（6）理解社会主义建设道路初步探索的意义和经验教训。

学习重点

（1）社会主义建设道路初步探索取得的理论成果。

（2）社会主义建设道路初步探索的意义和经验教训。

学习难点

（1）走中国工业化道路的思想。

（2）社会主义基本矛盾“又相适应又相矛盾”的特点。

知识概括

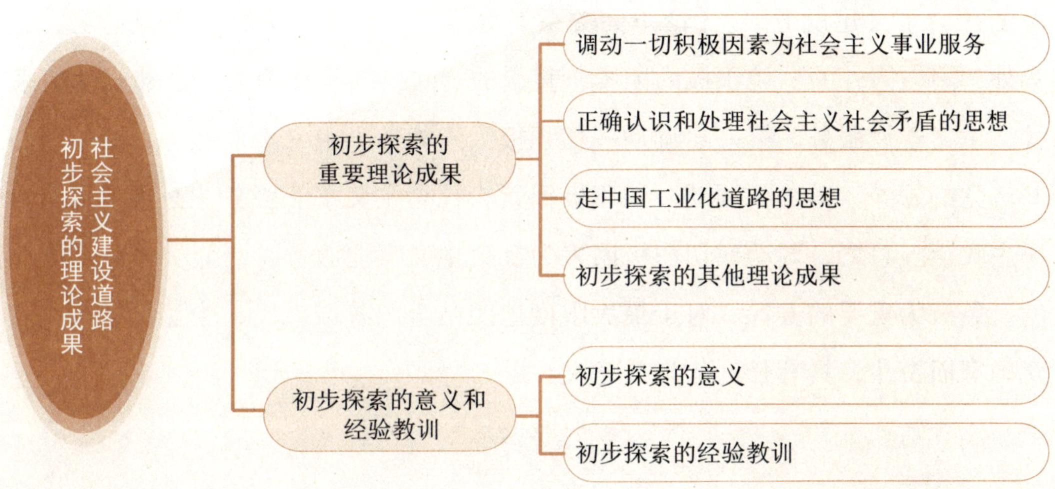
社会主义建设道路初步探索的理论成果
初步探索的重要理论成果
调动一切积极因素为社会主义事业服务
正确认识和处理社会主义社会矛盾的思想
走中国工业化道路的思想
初步探索的其他理论成果
初步探索的意义和经验教训
初步探索的意义
初步探索的经验教训

一、初步探索的重要理论成果

（一）调动一切积极因素为社会主义事业服务

调动一切积极因素为社会主义事业服务，是1956年毛泽东在《论十大关系》报告中提出的。如何在中国这样一个经济文化比较落后的东方大国建设和巩固社会主义，毛泽东在《论十大关系》中明确提出了以苏为鉴、独立自主地探索适合中国情况的社会主义建设道路。《论十大关系》确定了一个基本方针，就是“努力把党内党外、国内国外的一切积极的因素，直接的、间接的积极因素，全部调动起来”，为社会主义建设服务。第一，调动一切积极因素为社会主义事业服务，必须坚持中国共产党的领导。第二，调动一切积极因素为社会主义事业服务，必须发展社会主义民主政治。总之，调动一切积极因素为社会主义事业服务，是党关于社会主义建设的一条极为重要的方针，对于最大限度地团结全国各族人民，为建设社会主义现代化国家而奋斗，具有长远的指导意义。

（二）正确认识和处理社会主义社会矛盾的思想

毛泽东在1957年2月所作的《关于正确处理人民内部矛盾的问题》的报告中，系统论述了社会主义社会矛盾的理论。

1. 关于社会主义社会的基本矛盾

社会主义社会仍然存在着矛盾，正是这些矛盾推动着社会主义社会向前发展。社会主义社会的基本矛盾仍然是生产关系和生产力之间的矛盾、上层建筑和经济基础之间的矛盾，它们不但表现在社会生活的各个方面，而且贯穿于社会主义社会的始终，是推动社会主义社会不断前进的根本动力。社会主义社会的基本矛盾是在生产关系和生产力基本适应、上层建筑和经济基础基本适应条件下的矛盾，是在人民根本利益一致基础上的矛盾，因而不是对抗性而是非对抗性的矛盾。社会主义社会的矛盾的解决，不需要像资本主义社会那样采取剧烈的阶级斗争的方式，它可以依靠社会主义自身的力量，通过对生产关系和生产力、上层建筑和经济基础不相适应的方面进行调整得到解决。

2. 关于我国社会的主要矛盾和根本任务

（1）主要矛盾。1956 年，党的八大指出，生产资料私有制的社会主义改造基本完成以后，国内的主要矛盾已经不再是工人阶级和资产阶级的矛盾，而是人民对于经济文化迅速发展的需要同当前经济文化不能满足人民需要的状况之间的矛盾。这一矛盾的实质，就是先进的社会制度同落后的社会生产力之间的矛盾。

（2）根本任务。党对社会主义社会主要矛盾的科学表述，正确地反映了社会主义初级阶段关系的变化。进入社会主义初级阶段以后，虽然阶级斗争在一定范围内还会长期存在，在某种条件下还有可能激化，但是由于剥削制度和剥削阶级已经消灭，使阶级矛盾成为主要矛盾的经济基础已经不复存在，阶级斗争已经不是主要矛盾。社会生产同社会需要之间的矛盾，则上升为主要矛盾。据此，党中央提出，全国人民的主要任务是集中力量发展社会生产力，实现国家工业化，逐步满足人民日益增长的物质和文化需要，要把党和国家的工作重点转到技术革命和社会主义建设上来。社会主义的根本任务是发展生产力，这是正确认识社会发展规律的必然要求，是对我国社会主义建设经验教训和社会主要矛盾进行科学分析得出的最重要的结论，是解决当代中国一切问题的关键。

3. 关于社会主义社会存在两类不同性质矛盾的理论

1957 年 2 月，毛泽东在《关于正确处理人民内部矛盾的问题》一文中，运用马克思主义对立统一规律分析社会主义社会的各种矛盾，创造性地提出并系统阐述了社会主义社会两类不同性质矛盾的学说。

（1）敌我矛盾：人民同反抗社会主义革命、敌视和破坏社会主义建设的社会势力和社会集团的矛盾，是根本利益对立基础上的矛盾，因而是对抗性的矛盾。

（2）人民内部矛盾：包括工人阶级内部的矛盾，农民阶级内部的矛盾，知识分子内部的矛盾，工农两个阶级之间的矛盾，工人、农民同知识分子之间的矛盾，工人阶级和其他劳动人民同民族资产阶级的矛盾，也包括政府和人民群众之间的矛盾，民主同集中的矛盾，领导同被领导之间的矛盾，国家机关某些工作人员的官僚主义作风同群众之间的矛盾，等等。一般说来，人民内部矛盾是在人民根本利益一致基础上的矛盾，因而是非对抗性的矛盾。

（3）正确处理人民内部矛盾的方针：用民主的方法解决人民内部矛盾，这是一个总方针。针对人民内部矛盾在具体实践中的不同情况，毛泽东提出了一系列具体方针、原则：在政治上实行“团结—批评—团结”的方针，对于人民群众和政府机关的矛盾要坚持民主集中制原则，在共产党与民主党派关系上实行“长期共存、互相监督”的方针，在科学文化工作中实行“百花齐放、百家争鸣”的方针，在经济工作中实行“统筹兼顾、适当安排”的方针，在教育工作中实行“德智体全面发展”的方针。

正确处理人民内部矛盾的一系列方针为解决我国社会存在的不同形式的人民内部矛盾指明了方向。

（三）走中国工业化道路的思想

（1）在《关于正确处理人民内部矛盾的问题》中，毛泽东明确提出了中国工业化道路的问题，主要是指重工业和轻工业、农业的发展关系问题，强调要走一条有别于苏联的中国工业化道路。

（2）鉴于中国社会生产力落后、经济基础薄弱的情况，毛泽东指出，以工业为主导，把重工业作为我国经济建设的重点，以逐步建立独立的、比较完整的基础工业体系和国防工业体系。但同时必须充分注意发展农业和轻工业。

（3）毛泽东提出了以农业为基础，以工业为主导，以农轻重为序发展国民经济的总方针，以及一整套“两条腿走路”的工业化发展思路，即重工业和轻工业同时并举，中央工业和地方工业同时并举，沿海工业和内地工业同时并举，大型企业和中小型企业同时并举，等等。

① 走中国工业化道路，必须采取正确的经济建设方针。

② 走中国工业化道路，必须调整和完善所有制结构。

③ 走中国工业化道路，必须积极探索适合我国情况的经济体制和运行机制。

走中国工业化道路的思想，是党探索我国社会主义建设道路的一个重要思想，对于加快我国社会主义建设事业发展具有重要意义。

（四）初步探索的其他理论成果

1. 关于社会主义发展阶段的思想

毛泽东提出：社会主义这个阶段，又可能分为两个阶段，第一个阶段是不发达的社会主义，第二个阶段是比较发达的社会主义。后一阶段可能比前一阶段需要更长的时间。经过后一阶段，到了物质产品、精神财富都极为丰富和人们的共产主义觉悟极大提高的时候，就可以进入共产主义社会了。

2. 关于“四个现代化”战略目标

1954 年 9 月，周恩来在一届全国人大一次会议的政府工作报告中代表党中央第一次提出关于“四个现代化”的构想，即现代化的工业、现代化的农业、现代化的交通运输业和现代化的国防。1957 年 3 月，毛泽东提出，要将我国建设成为“一个具有现代工业、现代农业和现代科学文化的社会主义国家”。1959 年，毛泽东在读苏联《政治经济学教科书》时指出：建设社会主义，原来要求是工业现代化，农业现代化，科学文化现代化，现在要加上国防现代化。这样，就形成了“四个现代化”战略目标的完整提法。1964 年底，周恩来在三届全国人大一次会议上所作的政府工作报告中正式宣布，“把我国建设成为一个具有现代农业、现代工业、现代国防和现代科学技术的社会主义强国”。

3. 关于科学教育文化和知识分子工作

在科技工作方面，我们党提出“向科学进军”的口号，强调实现“四个现代化”关键在于科学技术现代化。在文化工作方面，党提出了“百花齐放、百家争鸣”这一促进我国社会主义文化繁荣的方针。在知识分子工作方面，毛泽东提出，知识分子在革命和建设中都具有重要作用，要建设一支宏大的工人阶级知识分子队伍。周恩来提出了知识分子中的绝大部分是工人阶级一部分的观点。

4. 关于国防建设

1966 年 3 月，毛泽东提出的关于“三五”计划的方针任务，后来被概括为“备战、备荒、为人民”。这个思想成为 20 世纪六七十年代我国国民经济发展遵循的重要指导方针。

5. 关于祖国统一

在新中国诞生之初，中国共产党就明确提出武力解放台湾的方针。20 世纪 50 年代中期，围绕台湾问题的国内外形势都发生很大变化，党及时调整对台政策，提出了和平解放台湾的设想。

6. 关于国际战略和外交工作

1953 年，中国提出在和平共处五项原则的基础上发展同所有友好国家的关系。20 世纪 50 年代中期至 60 年代中期，争取“中间地带”，发展同亚非拉国家的关系，成为当时中国对外政策的一个重要组成部分。20 世纪 70 年代前期，毛泽东针对当时国际形势的变化逐渐形成了关于“三个世界划分”的战略思想。

7. 关于执政党建设

1956 年 9 月，党的八大集中讨论了执政党的建设问题。此后，毛泽东就执政党建设问题提出了一系列独创性的思想，其中包括党必须坚持马克思主义的指导并使马克思主义中国化时代化等。

二、初步探索的意义和经验教训

（一）初步探索的意义

（1）社会主义建设道路的初步探索巩固和发展了我国的社会主义制度。党带领全国人民在经济、政治、文化等方面取得的重大成就体现了社会主义制度的优越性，增强了广大人民群众走社会主义道路的信心，社会主义制度也在实践中得到发展。

（2）为开创中国特色社会主义提供了宝贵经验、理论准备、物质基础。

（3）丰富了科学社会主义的理论和实践。党领导人民在开始探索社会主义建设道路时提出了“以苏为鉴”的思想，并且根据自己的实践形成了许多独创性成果，深化了对社会主义的认识。探索的成就表明，社会主义建设没有一个固定不变的模式，各个国家应该根据自己的国情，独立自主地选择适合自己的发展道路。这不仅丰富了中国社会主义的理论与实践，也丰富了科学社会主义的理论与实践，为其他国家的社会主义建设提供了经验和借鉴。

（二）初步探索的经验教训

第一，必须把马克思主义与中国实际相结合，探索符合中国特点的社会主义建设道路。

第二，必须正确认识社会主义社会的主要矛盾和根本任务，集中力量发展生产力。

第三，必须从实际出发进行社会主义建设，建设规模和速度要与国力相适应，不能急于求成。

第四，必须发展社会主义民主，健全社会主义法制。

第五，必须坚持党的民主集中制和集体领导制度，加强执政党建设。

第六，必须坚持对外开放，借鉴和吸收人类文明成果建设社会主义，不能关起门来搞建设。

学习自测

一、单项选择题

1．党的八大和党的十一届三中全会的相同点是（　　）。

A．都肯定了实事求是是马克思思想路线

B．都作出了实行改革开放的伟大决策

C．都把发展生产作为党和国家的重点

D．都结束了长期以来“左”倾错误

2．在我国社会主义改造基本完成、开始全面建设社会主义的时候，毛泽东就向全党提出，走出中国自己的社会主义建设道路，探索马克思主义同中国实际的（　　）。

A．“第一次结合”　　B．“第二次结合”

C.“第三次结合”　　D.“第四次结合”

3. 提出社会主义社会基本矛盾和两类矛盾的学说，强调要严格区分和正确处理两类不同性质矛盾的是毛泽东（　　）的讲话。

A.《论十大关系》

B.《同文艺界代表的谈话》

C.《关于正确处理人民内部矛盾的问题》

D.《限期将正确处理人民内部矛盾问题的讨论和执行情况报告中央》

4. 社会主义改造基本完成后，我国国家政治生活的主题是（　　）。

A. 集中力量发展生产力　　B. 正确处理人民内部矛盾

C. 加强社会主义民主与法制建设　　D. 进行思想战线上的社会主义革命

5. 20世纪50年代初，中国社会主义建设选择的模式是（　　）。

A. 日本模式　　B. 美国模式

C. 苏联模式　　D. 欧洲模式

6. 在关于经济体制改革方面，提出“可以消灭资本主义，又搞资本主义”思想的是（　　）。

A. 陈云　　B. 刘少奇

C. 周恩来　　D. 毛泽东

7. 三大改造完成以后，我国社会的主要矛盾是（　　）。

A. 帝国主义国家和新中国之间的矛盾

B. 无产阶级和资产阶级之间的矛盾

C. 人民对于经济文化迅速发展的需要同当前经济文化不能满足人民需要的状况之间的矛盾

D. 社会主义和资本主义之间的矛盾

8. 在探索适合中国国情的社会主义建设道路问题上，提出“三个主体、三个补充”思想的是（　　）。

A. 陈云　　B. 毛泽东

C. 刘少奇　　D. 周恩来

9. 我国的社会主义制度基本建立起来后，其主要任务是（　　）。

A．大力发展社会生产力

B．继续进行两个阶级、两条道路的斗争

C．进行思想上、政治上的社会主义革命

D．坚持无产阶级专政下的继续革命

10．党的八大是我国建设社会主义道路的一次成功探索，因为（　　）。

①正确分析了中国社会的主要矛盾；②提出了社会主义改造的任务；③提出尽快使中国从落后的农业国变为先进的工业国的任务；④提出“多快好省地建设社会主义”的总路线。

A．①③　　B．②④

C．①②　　D．②③

11．中国工业化道路主要是指（　　）。

A．中央和地方的关系　　B．农、轻、重的发展关系

C．经济建设和国防建设的关系　　D．沿海工业和内地工业的关系

12．党的八大为我国全面进行社会主义建设和党的建设指明了方向。八大作出正确决策的基础是（　　）。

A．对国内主要矛盾的分析　　B．全国人民建设社会主义的热情很高

C．全国土地改革的完成　　D．社会主义建设总路线的制定

13．1956 年 4 月，毛泽东在调查研究的基础上发表了一篇重要讲话，这篇讲话围绕把国内外一切积极因素调动起来为社会主义事业服务的基本方针，深刻论述了正确处理经济建设和社会发展中的一系列重大关系。这篇讲话是（　　）。

A．《论十大关系》

B．《关于正确处理人民内部矛盾的问题》

C．《在中共中央政治局扩大会议上的总结讲话》

D．《要团结一切可以团结的力量》

14．20 世纪 50 年代，周恩来提出了知识分子（　　）。

A．已经是工人阶级的一部分

B．绝大多数已经是劳动人民的知识分子

C．绝大多数已经是领导阶级的知识分子

D. 绝大多数已经是党的同路人

15. 文艺工作的基本方针是（　　）。

A. 古为今用　　B. 洋为中用

C. 加强政治工作　　D. 百花齐放、百家争鸣

16. 中国共产党在与民主党派的关系上应实行（　　）。

A. 轮流执政　　B. 既利用又限制

C. 长期存在、互相监督　　D. 团结—批评—团结

17. 社会主义社会的基本矛盾是（　　）。

A. 生产关系和生产力之间的矛盾、上层建筑和经济基础之间的矛盾

B. 人民日益增长的物质文化需要同落后的社会生产之间的矛盾

C. 经济发展同人口众多、资金短缺、资源贫乏的矛盾

D. 无产阶级和资产阶级之间的矛盾

18. 1956年三大改造的基本完成，标志着我国进入（　　）。

A. 资本主义社会　　B. 共产主义社会

C. 社会主义初级阶段　　D. 新民主主义社会

19.（　　）对我国社会主要矛盾作了规范的表述："在社会主义改造基本完成以后，我国所要解决的主要矛盾，是人民日益增长的物质文化需要同落后的社会生产之间的矛盾。"

A. 1987年党的十三大《政治报告》

B. 1981年党的十一届六中全会通过的《关于建国以来党的若干历史问题的决议》

C. 1992年党的十四大《政治报告》

D. 1986年十二届六中全会通过的《中共中央关于社会主义精神文明建设指导方针的决议》

二、多项选择题

1. 在党的八大上，陈云提出了关于我国社会主义经济体制的设想，主要点包括"三个主体、三个补充"，它们是（　　）。

A. 以国营经济为主体，以私营经济为补充

B. 以计划生产为主体，以自由生产为补充

C. 以国家市场为主体，以自由市场为补充

D. 以国家与集体经营为主体，以个体经营为补充

2. 苏联模式存在的弊端有（　　）。

A. 优先发展农业　　B. 生产的无计划性

C. 管理体制的高度集中和统一　　D. 国民经济比例失调

3. 中国共产党人探索社会主义建设道路的早期成果是（　　）。

A.《论十大关系》

B. 三个主体、三个补充的思想

C.“文化大革命”

D.《关于正确处理人民内部矛盾的问题》

4. 社会主义社会基本矛盾学说的主要内容是（　　）。

A. 社会主义社会充满了矛盾

B. 社会主义社会的基本矛盾是非对抗性的

C. 社会主义社会基本矛盾的发展特点是“又相适应又相矛盾”

D. 社会主义社会基本矛盾的解决通过社会主义制度本身来完成

5. 解决人民内部矛盾的具体办法有（　　）。

A. 百花齐放、百家争鸣　　B. 长期存在、互相监督

C. 团结—批评—团结　　D. 大规模的急风暴雨式的群众运动

6. 我国社会主义四个现代化是（　　）。

A. 现代工业　　B. 现代科学技术

C. 现代教育　　D. 现代农业和现代国防

7. 中国共产党关于经济体制改革的思考取得的成果有（　　）。

A. 大的集中，小的分散　　B. 可以搞百分之几的资本主义

C. 全力以赴搞资本主义市场经济　　D. 可以消灭了资本主义，又搞资本主义

8. 毛泽东在《论十大关系》中，论述了在政治方面应处理好（　　）。

A. 汉族与少数民族的关系　　B. 革命与反革命的关系

C. 中国与外国的关系　　D. 党与非党的关系

9．毛泽东论述中国工业化道路涉及（　　）。

A．汉族与少数民族的关系问题

B．农、轻、重的比例关系问题

C．沿海工业和内地工业的关系问题

D．经济建设和国防建设的关系问题

10．毛泽东在《关于正确处理人民内部矛盾的问题》中提出了（　　）。

A．社会主义基本矛盾学说

B．中国工业化道路

C．社会主义社会的两类社会矛盾学说

D．阶级斗争的理论

三、判断题

1．新中国的工业化曾一度受苏联的影响，过多强调重工业和基础设施的发展，造成了一定程度的比例失调。（　　）

2．20世纪50年代末60年代初，党在探索经济体制和运行机制改革中，毛泽东提出要有计划地大大发展社会主义商品经济。（　　）

3．1957年2月毛泽东所作的《论十大关系》的报告，系统论述了社会主义矛盾的理论。（　　）

4．毛泽东在《关于正确处理人民内部矛盾的问题》的报告中指出社会主义社会没有矛盾。（　　）

5．中国实现现代化，就必须发展社会主义民主，除共产党外，任何组织都必须在宪法和法律规定范围内活动。（　　）

6．走中国农业化道路的思想，是党探索我国社会主义建设道路的一个重要思想，对于加快我国社会主义建设事业发展具有重要意义。（　　）

7．无产阶级政党的根本组织原则是民主集中制。（　　）

8．毛泽东提出：社会主义分为两个阶段，第一个阶段是不发达的社会主义，第二个阶段是发达的社会主义。（　　）

9．社会主义民主的本质是人民当家作主。（　　）

10．毛泽东指出，中国的民族独立和国家富强的必要条件是实现国家工业化。（　）

11．新中国成立初期，由于我国的工业基础十分薄弱，因此党确定以工业化作为整个经济建设的主要任务。（　）

12．毛泽东在《关于正确处理人民内部矛盾的问题》的报告中认为，社会主义社会的基本矛盾同旧社会的基本矛盾是同一性质的。（　）

13．新中国的工业化道路，毛泽东提出了以农业为基础，工业为主导，以农轻重为序发展国民经济的总方针。（　）

14．关于社会主义现代化建设的战略目标和步骤，毛泽东曾经提出“两步走”发展战略。（　）

15．关于经济建设方针，党的八大提出了既反保守又反冒进，在综合平衡中稳步前进的方针。（　）

16．关于经济建设方针，党的八大提出了多快好省，大干快上的方针。（　）

17．20世纪50年代末60年代初，党在探索所有制结构调整中，朱德提出了要注意发展手工业和农业多种经营的思想。（　）

18．我国社会主义改造任务基本完成之后，人民内部矛盾逐步成为政治生活中居于主导地位的矛盾。（　）

四、简答题

1．党在社会主义建设道路的初步探索中取得了哪些重要的理论成果？

2．如何认识党对社会主义建设道路初步探索的重大意义？

3．党对社会主义建设道路的初步探索有哪些经验教训？

参考答案

一、单项选择题

1．C	2．B	3．C	4．B	5．C
6．D	7．C	8．A	9．A	10．A
11．B	12．A	13．A	14．B	15．D

16．C　　17．A　　18．C　　19．B

二、多项选择题

1．BCD　　2．CD　　3．ABD　　4．ABCD　　5．ABC

6．ABD　　7．ABD　　8．ABCD　　9．BC　　10．AC

三、判断题

1．√　　2．√　　3．×　　4．×　　5．×

6．×　　7．√　　8．×　　9．√　　10．√

11．√　　12．×　　13．√　　14．√　　15．√

16．×　　17．√　　18．√

四、简答题

1．提示：

（1）调动一切积极因素为社会主义事业服务。1956年4月和5月，毛泽东先后在中央政治局扩大会议和最高国务会议上，作了《论十大关系》的报告，初步总结了我国社会主义建设的经验，明确提出要以苏为鉴，独立自主地探索适合中国情况的社会主义建设道路。毛泽东认为，社会主义建设中的积极因素与消极因素是一对矛盾，这一矛盾呈现出既统一又斗争的关系。充分调动一切积极因素，尽可能地克服消极因素，并且努力化消极因素为积极因素，是社会主义事业前进的现实需要。调动一切积极因素为社会主义事业服务，是党关于社会主义建设的一条极为重要的方针。

（2）正确认识和处理社会主义社会矛盾的思想。党在八大前后，特别是毛泽东在1957年2月所作的《关于正确处理人民内部矛盾的问题》的报告，系统论述了社会主义社会矛盾的理论，包括社会主义社会的基本矛盾、我国社会的主要矛盾、社会主义社会两类不同性质的矛盾、正确处理人民内部矛盾的方针等具体内容。毛泽东指出，矛盾是普遍存在的，社会主义社会同样充满着矛盾，正是这些矛盾推动着社会主义社会不断地向前发展。“矛盾不断出现，又不断解决，就是事物发展的辩证规律”。他提倡运用对立统一规律深刻分析社会主义社会的矛盾。

（3）走中国工业化道路的思想。实现工业化是中国近代以来历史发展的必然要求，也是民族独立和国家富强的必要条件。新中国刚刚成立的时候，我国的工业基础非常薄弱，很多工业领域甚至还是空白。对此，党把实现国家工业化确定为新中国整个经济建设的主要任务。为了弥补社会主义工业化建设经验的不足，我国学习和借鉴了苏联工业化建设的经验。也由于受苏联工业化模式的影响，我国一度过多强调重工业和基础设施的建设，影响了农业和轻工业的发展，造成了一定程度的比例失调，这就促使毛泽东和党的其他领导人思考如何走出一条适合中国国情的工业化道路的问题。毛泽东在《论十大关系》中论述的第一大关系，便是重工业和轻工业、农业的关系。在《关于正确处理人民内部矛盾的问题》中，毛泽东明确提出了中国工业化道路的问题，主要是指重工业和轻工业、农业的发展关系问题，强调要走一条有别于苏联的中国工业化道路。鉴于中国社会生产力落后、经济基础薄弱的情况，毛泽东指出，以工业为主导，把重工业作为我国经济建设的重点，以逐步建立独立的、比较完整的基础工业体系和国防工业体系。但同时必须充分注意发展农业和轻工业。毛泽东提出了以农业为基础，以工业为主导，以农轻重为序发展国民经济的总方针，以及一整套“两条腿走路”的工业化发展思路。

在探索社会主义建设道路的过程中，毛泽东以及党的其他领导人，还提出了一些重要的思想理论观点，其中涉及国防建设和军队建设、实现祖国统一、外交和国际战略、执政党建设等方面。

2．提示：

第一，巩固和发展了我国的社会主义制度。面对严峻复杂的国内外形势，党带领全国人民，坚持独立自主、自力更生，开始了大规模的社会主义建设，在经济、政治、文化等各方面都取得了重大成就。这些成就的取得，体现了社会主义制度的优越性，增强了广大人民群众走社会主义道路的信心，社会主义制度也在实践中得到发展。

第二，为开创中国特色社会主义提供了宝贵经验、理论准备、物质基础。党对社会主义建设道路的探索历经艰辛，积累了丰富的经验，也留下了深刻的教训。无论是成功的经验还是失误的教训，正确地加以总结，都是党的宝贵财富，为改革开放新时期中国特色社会主义的开创和发展提供了重要的思想资源。在这一探索过程中，我国建立起独立的比较完整的工业体系和国民经济体系。我国经济保持了较快的发展速度，经济实力显著增强，从根本上解决了工业化“从无到有”的问题。农业生产条件显著改变，教育、科学、文化、卫生、体育事业有很大发展。“两弹一星”等国防尖端科技不断取得突破，国防工业从无到有逐步发展起来。人民解放军得到壮大和提高，由单一的陆军发展成为包括海军、空军和其他技术兵种在内的合成军队，为巩固新生人民政权、确立中国大国地位、维护中华民族尊严提供了坚强后盾。党审时度势调整外交战略，推动恢复我国在联合国的一切合法权利，打开对外工作新局面，推动形成国际社会坚持一个中国原则的格局。

第三，丰富了科学社会主义的理论和实践。中国的社会主义，既不同于马克思、恩格斯设想的在生产力高度发达基础上建立的社会主义，也不同于在资本主义有一定发展基础上建立的苏联社会主义。党领导人民在开始探索社会主义建设道路时提出了“以苏为鉴”的思想，并根据自己的实践形成了许多独创性成果，深化了对社会主义的认识。探索的成就表明，社会主义建设没有一个固定不变的模式，各个国家应该根据自己的国情，独立自主地选择适合自己的发展道路。这不仅丰富了中国社会主义的理论与实践，也丰富了科学社会主义理论与实践，为其他国家的社会主义建设提供了经验和借鉴。

3．提示：

（1）必须把马克思主义与中国实际相结合，探索符合中国特点的社会主义建设道路。

（2）必须正确认识社会主义社会的主要矛盾和根本任务，集中力量发展生产力。

（3）必须从实际出发进行社会主义建设，建设规模和速度要与国力相适应，不能急于求成。

（4）必须发展社会主义民主，健全社会主义法制。

（5）必须坚持党的民主集中制和集体领导制度，加强执政党建设。

（6）必须坚持对外开放，借鉴和吸收人类文明成果建设社会主义，不能关起门来搞建设。

实践进行时

阅读经典著作：《论十大关系》

实践项目

读原著、品经典——阅读毛泽东的著作《论十大关系》。

实践方案

一、活动目的

通过此次活动，可以帮助学生正确认识矛盾、看待矛盾，在学习和生活中树立高度的责任心，实现求真务实的价值追求。

二、活动方案

时间：课余时间完成，课堂展示。

地点：教室。

方式：分小组进行。

流程：

（1）分组。5人一组，每组选出一名组长。

（2）在认真阅读《论十大关系》之后，组长组织组员搜集相关资料。

（3）将小组搜集的资料制作成PPT，在课堂上展示并谈一谈自己的感想。

拓展阅读

不断完善相关体制机制　用好集中力量办大事这一重要法宝

中国之所以能办成许多国家办不了的大事，一个重要原因就在于社会主义制度具有能够集中力量办大事的优势。习近平同志指出："我们最大的优势是我国社会主义制度能够集中力量办大事。这是我们成就事业的重要法宝。"中国特色社会主义进入新时代，全面建成小康社会进而实现第二个百年奋斗目标，需要进一步完善有利于集中力量办大事的体制机制，充分发挥集中力量办大事的制度优势，在推进中国特色社会主义实践中不断提高国家治理效能。

集中力量办大事这一社会主义制度的内在优势是在长期实践中得来的。新中国成立之初，在经济极端困难、技术基础薄弱、帝国主义封锁等严峻条件下，我们党带领全国人民发挥社会主义制度优势，集中力量研制“两弹一星”、勘探和开发大庆油田等，办成了一系列涉及国计民生的大事，为国家发展打下坚实基础，捍卫了国家主权、安全和发展利益，推动了国民经济发展，奠定了新中国的大国地位。改革开放后，我们党勇于冲破传统模式束缚，继续发挥我国社会主义制度能够集中力量办大事的优势，坚持有所为有所不为，实施西部大开发战略，战胜非典疫情、汶川大地震等自然灾害，推动我国改革开放和社会主义现代化建设取得巨大成就。党的十八大以来，面对世界经济复苏乏力、局部冲突和动荡频发、全球性问题凸显的外部环境，面对我国经济转型升级的紧迫任务，以习近平同志为核心的党中央大力推进供给侧结构性改革，着力建设现代化经济体系，奋力推动我国经济转向高质量发展。我国经济总量已稳居世界第二位，经济实力持续跃升，综合国力显著增强，中国经济对世界经济增长贡献率连续多年超过30%。

新时代是全面建成小康社会、进而全面建设社会主义现代化强国、朝着中华民族伟大复兴奋勇前进的时代。中华民族伟大复兴绝不是轻轻松松、敲锣打鼓就能实现的，还有许多“雪山”“草地”要跨越，还有许多“娄山关”“腊子口”要征服，必须充分发挥我国社会主义制度能够集中力量办大事的优势，做到全国一盘棋、上下一条心。只有这样，才能有效应对重大挑战、抵御重大风险、克服重大阻力、解决重大矛盾。进入新时代，我国社会主要矛盾已经转化为人民日益增长的美好生活需要和不平衡不充分的发展之间的矛盾。发展不平衡不充分是更加突出的问题，已成为制约我国经济社会发展和满足人民美好生活需要的主要因素。比如，截至2017年底，全国还有约3 000万贫困人口，到2020年打赢脱贫攻坚战的任务相当繁重。又如，生态文明建设正处在压力叠加、负重前行的关键期，生态环境问题是民生之患、民心之痛，成为全面建成小康社会的短板。解决这些问题，都需要坚持和完善有利于集中力量办大事的体制机制，集中全社会力量抓重点、补短板、强弱项。

新时代要有新气象新作为，需要进一步发挥我国社会主义制度能够集中力量办大事的优势，形成社会主义市场经济条件下集中力量办大事的新机制，切实将这一制度优势转化为治理效能。集中力量办大事，离不开党的坚强有力领导。党的十八大以来，以习近平同志为核心的党中央大力提高党把方向、谋大局、定政策、促改革的能力和定力，在更高水平上实现了全党全社会思想上的统一、政治上的团结、行动上的一致，为集中力量办大事提供了坚强政治保证和组织基础。为探索社会主义市场经济条件下集中力量办大事的新机制，我们党遵循社会主义市场经济规律，在使市场在资源配置中起决定性作用的同时更好发挥政府作用，着力管好那些市场管不了、管不好的事情，推动经济社会持续健康发展。针对我国自主创新能力不强这个突出问题，集中力量抓重大、抓尖端、抓基本，形成推进自主创新的强大合力，有力提升了我国自主创新能力。为打赢脱贫攻坚战，我们党坚持调动全社会扶贫积极性，充分发挥政府和社会两方面力量作用，强化政府责任，引导市场、社会协同发力，构建专项扶贫、行业扶贫、社会扶贫互为补充的大扶贫格局。5 年多来，我国实现 6 000 多万贫困人口稳定脱贫，贫困发生率从 10.2% 下降到 4% 以下。这一系列重要举措，让集中力量办大事的优势在新的时代条件下转化为强大治理效能，使我国社会主义制度优势得到进一步巩固和发挥。

【何益忠，不断完善相关体制机制　用好集中力量办大事这一重要法宝 . 人民日报，2018 年 8 月 24 日 7 版】

第五章

中国特色社会主义理论体系的形成发展

学习引导

学习目标

（1）掌握中国特色社会主义理论体系形成发展的社会历史条件。

（2）理解中国特色社会主义理论体系形成发展过程。

学习重点

（1）中国特色社会主义理论体系形成发展的国际背景。

（2）中国特色社会主义理论体系形成发展的历史条件。

（3）中国特色社会主义理论体系形成发展的实践基础。

学习难点

（1）改革开放和社会主义现代化新时期党面临的主要任务。

（2）党的十八大以来党面临的主要任务。

（3）邓小平理论的形成过程。

（4）“三个代表”重要思想的形成过程。

（5）科学发展观的形成过程。

（6）习近平新时代中国特色社会主义思想的形成。

知识概括

- 中国特色社会主义理论体系的形成发展
  - 中国特色社会主义理论体系形成发展的社会历史条件
    - 中国特色社会主义理论体系形成发展的国际背景
    - 中国特色社会主义理论体系形成发展的历史条件
    - 中国特色社会主义理论体系形成发展的实践基础
  - 中国特色社会主义理论体系形成发展过程
    - 中国特色社会主义理论体系的形成
    - 中国特色社会主义理论体系的跨世纪发展
    - 中国特色社会主义理论体系在新世纪新阶段的新发展
    - 中国特色社会主义理论体系在新时代的新篇章

一、中国特色社会主义理论体系形成发展的社会历史条件

（一）中国特色社会主义理论体系形成发展的国际背景

面对20世纪70年代以来世界格局和国际局势风云激荡的变化，中国共产党人坚持用马克思主义的宽广眼界观察世界，认真研究其他国家兴衰成败的经验教训，以海纳百川的宽阔胸襟吸收借鉴人类一切优秀文明成果，形成并不断发展了中国特色社会主义理论体系，以与时俱进的科学理论为中国发展进步指明路径和方向，也为解决人类面临的共同问题贡献中国智慧和中国方案。中国特色社会主义理论体系，是我们党在深刻洞察国际形势变化和世界发展趋势、科学判断时代主题和时代特征、深刻把握人类社会发展规律的基础上形成并不断发展的。

（二）中国特色社会主义理论体系形成发展的历史条件

对历史经验的深刻总结、对历史方位的科学判断、对历史任务的准确把握，是我们党推进理论创新的重要依据。中国特色社会主义理论体系凝结了几代中国共产党人带领人民不懈探索实践的智慧和心血，充分汲取了百余年来党领导人民进行伟大奋斗积累的历史经验。中国特色社会主义理论体系，是在认真总结我国社会主义建设正反两方面的历史经验、科学判断党和国家发展所处历史方位的基础上形成并不断发展的。

（1）社会主义基本制度建立后，如何在中国这样一个经济文化比较落后的东方大国建设社会主义成为党面临的一个崭新课题。在探索中，党逐步形成了一系列正确的和比较正确的理论观点、方针政策和实践经验。但也犯了不少错误，主要是在经济上急于求成、盲目求纯和急于过渡；在政治上以阶级斗争为纲。

（2）党的十一届三中全会以后，以邓小平同志为主要代表的中国共产党人，领导全党和全国人民，果断纠正了探索建设社会主义道路过程中的错误，继承了过去在理论上和实践上所取得的一切成果，并结合中国实际在实践中不懈探索和回答什么是社会主义、怎样建设社会主义这一基本问题。正是在这一过程中，我们党开创了中国特色社会主义的伟大事业。

（3）20 世纪 80 年代末 90 年代初，在应对国内外各种风险考验的历史进程中，以江泽民同志为主要代表的中国共产党人，进一步回答了什么是社会主义、怎样建设社会主义的问题，创造性地回答了“建设什么样的党、怎样建设党”这一重大问题。这是我们党始终保持先进性，不断获得新的生机和活力的根本所在。

（4）新世纪新阶段，以胡锦涛同志为主要代表的中国共产党人，在深刻把握我国基本国情和经济社会发展新的阶段性特征的基础上，在应对和战胜各种突如其来的严重困难和挑战的过程中，继续回答了什么是社会主义、怎样建设社会主义和建设什么样的党、怎样建设党的问题，创造性地回答了“实现什么样的发展、怎样发展”这一重大问题。为我们解决好一系列制约科学发展的突出矛盾和复杂问题，保持我国经济社会发展良好势头提供了有力思想武器。

（5）党的十八大以来，以习近平同志为核心的党中央，准确把握中国特色社会主义进入新时代这一我国发展新的历史方位，科学回答新时代坚持和发展什么样的中国特色社会主义、怎样坚持和发展中国特色社会主义，建设什么样的社会主义现代化强国、怎样建设社会主义现代化强国，建设什么样的长期执政的马克思主义政党、怎样建设长期执政的马克思主义政党等重大时代课题。为全面建设社会主义现代化国家、实现中华民族伟大复兴中国梦提供了行动指南。

（三）中国特色社会主义理论体系形成发展的实践基础

中国特色社会主义理论体系，是在我们党领导的改革开放和社会主义现代化建设的生动实践中形成并不断发展的。

（1）改革开放和社会主义现代化建设新时期，党面临的主要任务是，继续探索中国建设社会主义的正确道路，解放和发展社会生产力，使人民摆脱贫困、尽快富裕起来，为实现中华民族伟大复兴提供充满新的活力的体制保证和快速发展的物质条件。

（2）党的十八大以来，党面临的主要任务是，实现第一个百年奋斗目标，开启实现第二个百年奋斗目标新征程，朝着实现中华民族伟大复兴的宏伟目标继续前进。

二、中国特色社会主义理论体系形成发展过程

（一）中国特色社会主义理论体系的形成

邓小平理论第一次比较系统地初步回答了在中国这样的经济文化比较落后的国家如何建设社会主义、如何巩固和发展社会主义的一系列基本问题，用新的思想观点，继承和发展了马克思主义，开拓了马克思主义新境界，把对社会主义的认识提高到新的科学水平，是中国特色社会主义理论体系的开篇之作。

党的十五大把邓小平理论确立为党的指导思想并写入党章。

（二）中国特色社会主义理论体系的跨世纪发展

“三个代表”重要思想，是我们党继续拓展中国特色社会主义实践、探索中国特色社会主义规律的结果，是中国特色社会主义理论体系的跨世纪发展。始终做到“三个代表”，是我们党的立党之本、执政之基、力量之源。

党的十六大将“三个代表”重要思想确立为党必须长期坚持的指导思想，并写入党章。

（三）中国特色社会主义理论体系在新世纪新阶段的新发展

科学发展观在抗击非典疫情和探索完善社会主义市场经济体制的过程中逐步形成，在全面建设小康社会的历史进程中不断充实丰富。科学发展观是中国特色社会主义理论体系在新世纪新阶段的新发展。

党的十七大把科学发展观写入党章，党的十八大进一步把科学发展观确立为党必须长期坚持的指导思想。

（四）中国特色社会主义理论体系在新时代的新篇章

党的十八大以来，以习近平同志为核心的党中央统筹把握中华民族伟大复兴战略全局和世界百年未有之大变局，坚持把马克思主义基本原理同中国具体实际相结合、同中华优秀传统文化相结合，坚持毛泽东思想、邓小平理论、“三个代表”重

要思想、科学发展观，深刻总结并充分运用党成立以来的历史经验，从新的实际出发，创立了习近平新时代中国特色社会主义思想。

党的十九大、十九届六中全会提出的“十个明确”“十四个坚持”“十三个方面成就”概括了习近平新时代中国特色社会主义思想的主要内容。党的十九大把习近平新时代中国特色社会主义思想确立为党必须长期坚持的指导思想并写入党章。

习近平新时代中国特色社会主义思想是对马克思列宁主义、毛泽东思想、邓小平理论、“三个代表”重要思想、科学发展观的继承和发展，是当代中国马克思主义、21世纪马克思主义，是中华文化和中国精神的时代精华，是党和人民实践经验和集体智慧的结晶，是中国特色社会主义理论体系的重要组成部分，是全党全国人民为实现中华民族伟大复兴而奋斗的行动指南。

中国特色社会主义理论体系是中国共产党长期探索的伟大理论创造，同马克思列宁主义、毛泽东思想一脉相承又与时俱进，是马克思主义中国化时代化的重大理论成果。

学习自测

一、单项选择题

1. 中国特色社会主义理论体系，是在我们党领导的（　　）的生动实践中形成并不断发展的。

A. 社会主义建设

B. 新民主主义革命

C. 改革开放和社会主义现代化建设

D. 社会主义革命

2. 党的十二大明确提出（　　）。

A. 社会主义初级阶段理论

B. 社会主义市场经济体制改革目标

C. 走自己的道路，建设有中国特色的社会主义

D. “引进来”和“走出去”相结合的对外开放战略

3．党的十二届三中全会作出的《中共中央关于经济体制改革的决定》提出了社会主义经济是在公有制基础上的有计划的（　　）。

A．计划经济　　B．市场经济

C．商品经济　　D．产品经济

4．中国共产党第一次对中国特色社会主义理论进行系统概括是在（　　）上。

A．党的十三大　　B．党的十二大

C．党的十四大　　D．党的十五大

5．（　　）是邓小平理论的集大成之作，回答了当时困扰和束缚人们思想的一系列重大问题，推动改革开放和社会主义现代化建设进入新阶段。

A．北方谈话

B．《关于建国以来党的若干历史问题的决议》

C．《解放思想，实事求是，团结一致向前看》

D．南方谈话

6．邓小平理论第一次比较系统地初步回答了在中国这样的经济文化比较落后的国家（　　）的一系列基本问题。

A．建设什么样的社会主义现代化强国、怎样建设社会主义现代化强国

B．实现什么样的发展、怎样发展

C．建设什么样的党、怎样建设党

D．如何建设社会主义、如何巩固和发展社会主义

7．（　　）把邓小平理论确立为党的指导思想并写入党章。

A．党的十四大　　B．党的十五大

C．党的十六大　　D．党的十三大

8．“新的伟大工程”是指（　　）。

A．社会主义精神文明建设　　B．新时期党的建设

C．生态文明建设　　D．社会主义现代化建设

9．江泽民在党的十六大报告中提出贯彻“三个代表”重要思想的总要求，关键在（　　），核心在（　　），本质在（　　）。

A．坚持与时俱进，坚持执政为民，坚持党的先进性

B. 坚持党的先进性，坚持与时俱进，坚持执政为民

C. 坚持与时俱进，坚持党的先进性，坚持执政为民

D. 坚持执政为民，坚持党的先进性，坚持与时俱进

10. 2000年6月9日江泽民在全国党校工作会议上第一次指出，“三个代表”重要思想所要回答和解决的正是（　　）的重大问题。

A. 实现什么样的发展、怎样发展

B. 建设什么样的党、怎样建设党

C. 如何建设社会主义、如何巩固和发展社会主义

D. 建设什么样的社会主义现代化强国、怎样建设社会主义现代化强国

11. 按照“三个代表”要求全面加强党的建设，根本目的就在于（　　）。

A. 推进社会主义现代化建设

B. 保证我们党能够始终保持同人民群众的血肉联系

C. 提高人民生活水平

D. 加强民主集中制

12.（　　）把“三个代表”重要思想确立为党必须长期坚持的指导思想并写入党章。

A. 党的十四大　　B. 党的十五大

C. 党的十五届五中全会　　D. 党的十六大

13.（　　）是中国特色社会主义理论体系在新世纪新阶段的新发展。

A. 科学发展观

B. 邓小平理论

C.“三个代表”重要思想

D. 习近平新时代中国特色社会主义思想

14. 党的文件第一次提出科学发展观是在（　　）中。

A.《中共中央关于经济体制改革的决定》

B.《中共中央关于加强党的执政能力建设的决定》

C.《中共中央关于加强党的建设几个重大问题的决定》

D.《中共中央关于完善社会主义市场经济体制若干问题的决定》

15. 胡锦涛在2010年2月召开的省部级主要领导干部深入贯彻落实科学发展观加快经济发展方式转变专题研讨班上指出，（　　）是我国经济领域的一场深刻变革，关系改革开放和社会主义现代化建设全局。

A. 推动分配制度改革　　B. 加快经济发展方式转变

C. 加快转变经济增长方式　　D. 推动供给侧结构性改革

16. 科学发展观对新形势下（　　）等重大问题作出了科学的回答，把我们对中国特色社会主义规律的认识提高到新的水平。

A. 如何建设社会主义、如何巩固和发展社会主义

B. 建设什么样的党、怎样建设党

C. 实现什么样的发展、怎样发展

D. 建设什么样的社会主义现代化强国、怎样建设社会主义现代化强国

17. “十一五”时期以（　　）统领经济社会发展。

A. “三个代表”重要思想　　B. 科学发展观

C. 毛泽东思想　　D. 邓小平理论

18. 中国特色社会主义进入新时代后，我国社会主要矛盾已经转化为（　　）。

A. 人民日益增长的物质文化需要同落后的社会生产之间的矛盾

B. 城市和农村经济社会发展之间的矛盾

C. 人民日益增长的美好生活需要和不平衡不充分的发展之间的矛盾

D. 经济增长和资源环境之间的矛盾

19. 中国特色社会主义进入新时代，意味着中华民族迎来了（　　）的伟大飞跃。

A. 从站起来到富起来　　B. 从站起来到强起来

C. 从站起来、富起来到强起来　　D. 从富起来到强起来

20. （　　）把习近平新时代中国特色社会主义思想确立为党必须长期坚持的指导思想并写入党章。

A. 党的十八大　　B. 党的十八届三中全会

C. 党的十九大　　D. 党的二十大

二、多项选择题

1. 中国特色社会主义理论体系，是我们党在（　　）的基础上形成并不断发展的。

A. 深刻洞察国际形势变化和世界发展趋势

B. 深刻把握人类社会发展规律

C. 科学判断时代主题和时代特征

D. 认真总结我国社会主义建设正反两方面的历史经验

2. 改革开放和社会主义现代化建设新时期，党面临的主要任务是（　　）。

A. 继续探索中国建设社会主义的正确道路

B. 解放和发展社会生产力

C. 使人民摆脱贫困、尽快富裕起来

D. 为实现中华民族伟大复兴提供充满新的活力的体制保证和快速发展的物质条件

3. 党的十八大以来，党面临的主要任务是（　　）。

A. 实现第一个百年奋斗目标

B. 开启实现第二个百年奋斗目标新征程

C. 朝着实现中华民族伟大复兴的宏伟目标继续前进

D. 使人民摆脱贫困、尽快富裕起来

4. 邓小平指出，社会主义的本质是（　　）。

A. 解放生产力，发展生产力　　B. 消灭剥削

C. 消除两极分化　　D. 最终达到共同富裕

5. 始终做到“三个代表”，是我们党的（　　）。

A. 为民之本　　B. 立党之本

C. 执政之基　　D. 力量之源

6. 新时期中国共产党面临的两大历史性课题是（　　）。

A. 进一步提高党的领导水平和执政水平

B. 维护世界和平

C．提高拒腐防变和抵御风险的能力

D．进一步加强社会主义思想道德建设

7．党的十七届五中全会强调，在当代中国，坚持发展是硬道理的本质要求，就是坚持科学发展，（　　），促进社会公平正义。

A．更加注重以人为本　　　　B．更加注重全面协调可持续发展

C．更加注重统筹兼顾　　　　D．更加注重保障和改善民生

8．习近平总书记在庆祝中国共产党成立100周年大会上第一次提出的“两个结合”，是指坚持把马克思主义基本原理同（　　）相结合。

A．世界发展趋势　　　　B．中国具体实际

C．中华优秀传统文化　　　　D．人类文明成果

9．新时代中国特色社会主义的伟大成就，为实现中华民族伟大复兴提供了（　　）。

A．更为完善的制度保证　　　　B．更为坚实的物质基础

C．更为强大的精神力量　　　　D．更为主动的精神力量

10．习近平新时代中国特色社会主义思想科学回答了新时代（　　）等重大时代课题。

A．坚持和发展什么样的中国特色社会主义、怎样坚持和发展中国特色社会主义

B．实现什么样的发展、怎样发展

C．建设什么样的社会主义现代化强国、怎样建设社会主义现代化强国

D．建设什么样的长期执政的马克思主义政党、怎样建设长期执政的马克思主义政党

三、判断题

1．中国特色社会主义理论体系是在中国共产党领导的改革开放和社会主义现代化建设的伟大实践中形成并不断发展的。（　　）

2．党的十一届三中全会明确提出“走自己的道路，建设有中国特色的社会主义”这一重大命题。（　　）

3．党的十四大正式提出“邓小平理论”这一概念。（　　）

4. “三个代表”重要思想加深了对什么是社会主义、怎样建设社会主义和建设什么样的党、怎样建设党的认识。（　　）

5. 科学发展观的第一要义是统筹兼顾。（　　）

6. 党的十七大把科学发展观确立为党必须长期坚持的指导思想并写入党章。（　　）

7. 科学发展观是马克思主义关于发展的世界观和方法论的集中体现。（　　）

8. 中国特色社会主义进入新时代，我国社会的主要矛盾仍然是人民日益增长的物质文化需要同落后的社会生产之间的矛盾。（　　）

9. 习近平新时代中国特色社会主义思想的主要内容包括“十个明确”“十四个坚持”“十三个方面成就”。（　　）

10. 中国特色社会主义理论体系进一步深化和丰富了对共产党执政规律、社会主义建设规律、人类社会发展规律的认识。（　　）

四、简答题

1. 如何把握中国特色社会主义理论体系形成发展的社会历史条件？

2. 中国特色社会主义理论体系经历了怎样的发展历程？

参考答案

一、单项选择题

1. C　2. C　3. C　4. A　5. D
6. D　7. B　8. B　9. C　10. B
11. B　12. D　13. A　14. D　15. B
16. C　17. B　18. C　19. C　20. C

二、多项选择题

1. ABCD　2. ABCD　3. ABC　4. ABCD　5. BCD
6. AC　7. ABCD　8. BC　9. ABC　10. ACD

三、判断题

1. √　2. ×　3. ×　4. √　5.×

6. ×　　7. √　　8.×　　9. √　　10. √

四、简答题

1. 提示：

（1）中国特色社会主义理论体系，是党在深刻洞察国际形势变化和世界发展趋势、科学判断时代主题和时代特征、深刻把握人类社会发展规律的基础上形成并不断发展的。

（2）中国特色社会主义理论体系，是在认真总结我国社会主义建设正反两方面的历史经验、科学判断党和国家发展所处历史方位的基础上形成并不断发展的。

（3）中国特色社会主义理论体系，是在改革开放和社会主义现代化建设的生动实践中形成并不断发展的。

2. 提示：

（1）中国特色社会主义理论体系的形成

1982 年邓小平在党的十二大开幕词中明确提出：走自己的道路，建设有中国特色的社会主义。从此，“中国特色社会主义”成为党全部理论和实践创新的主题。1987 年党的十三大第一次比较系统地论述了我国社会主义初级阶段理论，从马克思主义哲学、政治经济学和科学社会主义等方面，第一次对中国特色社会主义理论的主要内容进行了系统概括。1997 年党的十五大正式提出“邓小平理论”这一概念，深刻阐述了邓小平理论的历史地位和指导意义。在这次大会上，邓小平理论被确立为党的指导思想并写入党章。

邓小平理论第一次比较系统地初步回答了在中国这样的经济文化比较落后的国家如何建设社会主义、如何巩固和发展社会主义的一系列基本问题，开拓了马克思主义新境界，把对社会主义的认识提高到新的科学水平，是中国特色社会主义理论体系的开篇之作。

（2）中国特色社会主义理论体系的跨世纪发展

在实行改革开放和发展社会主义市场经济的条件下，建设什么样的党、怎样建设党，直接关系到党和国家的前途命运。2000 年 2 月，江泽民在广东考察，首次对“三个代表”进行了比较全面的阐述。2001 年 7 月，江泽民在庆祝中国共产党成立八十周年大会上的讲话中全面阐述了“三个代表”重要思想的科学内涵和基本内容。2002 年 11 月，党的十六大将“三个代表”重要思想确立为党必须长期坚持的指导思想并写入党章。

“三个代表”重要思想是我们党继续拓展中国特色社会主义实践、探索中国特色社会主义规律的结果，是中国特色社会主义理论体系的跨世纪发展。

（3）中国特色社会主义理论体系在新世纪新阶段的新发展

科学发展观在抗击非典疫情和探索完善社会主义市场经济体制的过程中逐步形成，在全面建设小康社会的历史进程中不断充实丰富。2003 年 10 月，党的十六届三中全会第一次提出科学发展观。2004 年 3 月，胡锦涛在中央人口资源环境座谈会上深刻阐明了科学发展观的内涵和基本要求，这标志着科学发展观的形成。2007 年，党的十七大把科学发展观写入党章。党的十八大进一步把科学发展观确立为党必须长期坚持的指导思想。

科学发展观对新形势下实现什么样的发展、怎样发展等重大问题作出了新的科学回答，把我们对中国特色社会主义规律的认识提高到新的水平。

（4）中国特色社会主义理论体系在新时代的新篇章

党的十八大以来，以习近平同志为核心的党中央统筹把握中华民族伟大复兴战略全局和世界百年未有之大变局，坚持把马克思主义基本原理同中国具体实际相结合、同中华优秀传统文化相结合，坚持毛泽东思想、邓小平理论、“三个代表”重要思想、科学发展观，深刻总结并充分运用党成立以来的历史经验，从新的实际出发，创立了习近平新时代中国特色社会主义思想。

习近平新时代中国特色社会主义思想科学回答了新时代坚持和发展什么样的中国特色社会主义、怎样坚持和发展中国特色社会主义，建设什么样的社会主义现代化强国、怎样建设社会主义现代化强国，建设什么样的长期执政的马克思主义政党、怎样建设长期执政的马克思主义政党等重大时代课题，是中国特色社会主义理论体系的重要组成部分。2017 年，党的十九大把习近平新时代中国特色社会主义思想确立为党必须长期坚持的指导思想并写入党章。

实践进行时

了解中国特色社会主义理论与实践

实践项目

读原著——《中共中央关于党的百年奋斗重大成就和历史经验的决议》

实践方案

一、活动目的

让学生了解中国特色社会主义理论体系的形成与发展，深刻感受中国特色社会主义的伟大实践。

二、活动方案

时间：课余时间完成。

地点：教室。

方式：分小组进行。

流程：

（1）分组。5人一组，每组选出一名组长。

（2）在认真阅读《中共中央关于党的百年奋斗重大成就和历史经验的决议》之后，组长组织组员搜集相关资料。

（3）将小组搜集的资料制作成PPT，在课堂上展示并谈一谈自己的感想。

拓展阅读

中国特色社会主义为什么“好”

社会主义与中国的结合，是近代人类文明进程中的一件大事。中国沿着社会主义方向推进现代化所取得的巨大成就及孕育形成的道路、理论、制度和文化要素，使得中国共产党人在写出民族复兴新史诗的同时，也写出了马克思主义理论的新版本，写出了科学社会主义的新篇章，这就是中国特色社会主义。中国特色社会主义之所以“好”，一言以蔽之，因为它是中国实现现代化和民族复兴的最好脚本。

历史合理性：中国特色社会主义好就好在它是中国近代以来现代化和民族复兴的必然结果

在社会主义方向上实现现代化和民族复兴，是理解中国革命、建设和改革的一条红线。中国的社会主义革命和建设，从一开始就充满着探索和开创精神，尽管在马克思主义基本原理与中国国情结合的过程中出现了种种挫折与失误，但其所确立的社会主义基本制度和取得的巨大成就，奠定了中国特色社会主义的基础。特别是其中所体现出的“走自己的路”的精神，对中国特色社会主义的形成，起到了巨大的启迪作用。改革开放之初，我们党作出把党和国家工作重心转移到经济建设上来、实行改革开放的历史性决策，确立社会主义初级阶段基本路线，开创了中国特色社会主义这条伟大历史道路。改革开放40多年来，在中国共产党的领导下，全国人民在中国特色社会主义道路上阔步前进，取得了巨大的建设成就，社会主义中国焕发出勃勃生机。我国革命、建设和改革的历史证明，中国特色社会主义是近代以来中国社会历史发展的规律体现和必然选择。

马克思主义经典作家是在深刻分析人类社会基本矛盾和历史发展一般规律的基础上创立科学社会主义学说的，中国特色社会主义就是马克思主义基本原理同中国国情相结合的产物。中国特色社会主义之所以能够历经国际共产主义运动巨大挫折而愈益展现其强大生命力，关键在于它坚持了社会主义的正确方向，又从中国现代化实践中不断获得验证和支撑。要言之，中国特色社会主义解决了中国发展的领导力量、制度基础、价值取向以及未来方向等根本性问题，为中国的现代化和民族复兴提供了一整套框架性方案；同时，中国发展则验证了应当如何实现理想与现实之间的均衡，应当如何基于现实情况框定社会主义的历史坐标，应当如何从现实发展中给理论以明确合理的反馈从而使之更具有生命力和指导意义。中国特色社会主义是我们自己走出来的路，是我们自己的路，因而也是最稳妥可靠最有利于实现我们理想社会目标的路。

根本支撑性：中国特色社会主义好就好在它在支撑现代化和民族复兴的进程中逐步成熟成型

经过新中国成立以来70年长期不懈努力，中国特色社会主义的整体轮廓已经显现。在实践层面，我们党带领全国各族人民探索形成了中国特色社会主义道路。中国共产党人以马克思主义为指导，开辟了通过社会主义实现现代化的道路。这条道路，是夺取全面建成小康社会新胜利、不断推进社会主义现代化建设、实现中华民族伟大复兴的唯一正确的道路。在理论层面，中国共产党进行了长期的探索，先后形成了毛泽东思想、邓小平理论、“三个代表”重要思想和科学发展观，特别是形成了习近平新时代中国特色社会主义思想，这使得我们对社会主义的认识，对中国特色社会主义规律的把握，达到了一个前所未有的高度。在制度层面，由根本政治制度、基本政治制度、基本经济制度等构成的中国特色社会主义制度体系总体定型并日臻完善，中国共产党全面领导的体制机制日趋成型，以党的领导为核心、各项制度相互联系和贯通而形成的党和国家制度体系已经形成，这套制度体系构成了中国共产党治国理政的基本架构。要言之，中国特色社会主义在当代中国成功调适了生产力与生产关系、经济基础与上层建筑的有机匹配，其所取得的巨大成就在理论和实践中逐步积累沉淀，已经呈现为一种新型的发展样态，进而呈现为一种新的国家治理形态和制度文明形态。中国特色社会主义中蕴含着当代中国发展进步的一切主要秘密。实践充分证明，中国特色社会主义所积淀的道路、理论、制度和文化成果，有利于保持党和国家的活力，有利于调动人民群众的积极性、主动性和创造性，有利于解放和发展社会生产力，有利于维护公平正义、实现共同富裕，有利于集中力量办大事、有效应对各种风险挑战，有利于维护民族团结、保持社会稳定和实现国家统一。具体从推进现代化的角度说，中国特色社会主义总体性地解决了一个后发国家实现现代化不得不面对的若干重大难题，正是因为在中国特色社会主义总体框架和运行逻辑下，发展以及发展所带来的不稳定问题，开放以及开放带来的自主性丧失的危险，效率以及效率所带来的社会不公问题，崛起以及崛起过程中对和平的影响等，都得到了相对有效的管控和解决，从而中国的现代化才得以顺利推进。

良好成长性：中国特色社会主义好就好在它随着现代化和民族复兴事业的发展而不断前进

中国特色社会主义并不表现为一个固定的结论，而始终在改革开放和现代化建设事业中不断丰富深化，表现出良好成长性。就此而言，明确中国特色社会主义的科学社会主义性质，但并不禁锢其发展而且不断对其进行优化升级，是中国共产党人的伟大创举，是中国特色社会主义的一个鲜明特征。

中国特色社会主义的生成演化是个动态开放的进程，或者说，中国特色社会主义具有自我进化的特性。新中国成立后特别是社会主义基本制度建立后，如何在中国这样一个生产力水平落后的东方大国建设社会主义，成为我们党面临的一个全新课题，其间所取得的独创性理论成果和巨大成就，都反映了社会主义在中国本土生长的真实逻辑。党的十八大以来，以习近平同志为核心的党中央不忘初心、牢记使命，统筹推进“五位一体”总体布局，协调推进“四个全面”战略布局，坚定不移贯彻新发展理念，推动党和国家事业发生历史性变革，中国特色社会主义进入新时代。这一切都充分表明，摆脱某种形而上学的桎梏，把推进中国特色社会主义伟大事业同推进党的建设新的伟大工程结合起来，在伟大实践中不断丰富深化中国特色社会主义，使其充溢着创新经验，到处体现着时代特色，是当代中国发展进步的一个极为重要的特征。

思想僵化、利益固化、制度蜕化，是导致过去许多社会主义国家覆亡的重要原因。相比之下，中国共产党人赋予中国特色社会主义的一个战略性品格，就是“登高望远、居安思危、勇于创新、永不僵化、永不停滞”。因此，既然中国特色社会主义是不断发展、不断前进的，需要一代又一代中国共产党人带领人民接续奋斗，那么就要一以贯之地坚持和发展中国特色社会主义。要看到，新时代坚持和发展中国特色社会主义，我们还面临很多没有弄清楚的问题和待解答的难题，并且，事业越发展、改革越深入，这样的问题和难题就会越多。把新时代坚持和发展中国特色社会主义这场伟大革命进行好，就必须坚持以习近平新时代中国特色社会主义思想为指导，在实践中大胆探索、不断深化，不断丰富中国特色社会主义的实践特色、理论特色、民族特色、时代特色，从理论和实践上把握中国特色社会主义在新时代面临的任务和使命。

【黄相怀，中国特色社会主义为什么“好”，学习时报，2019 年 5 月 20 日】

第六章

邓小平理论

学习引导

学习目标

（1）了解邓小平理论首要的基本的理论问题和精髓。

（2）理解并掌握邓小平理论的主要内容。

（3）科学认识邓小平理论的历史地位。

学习重点

（1）社会主义初级阶段的含义和基本特征。

（2）党在社会主义初级阶段的基本路线。

（3）社会主义的根本任务。

（4）“三步走”战略的内容。

（5）社会主义市场经济理论的要点。

（6）社会主义现代化建设的根本方针。

（7）“和平统一、一国两制”构想的基本内容。

学习难点

（1）社会主义本质的科学内涵。

（2）解放思想、实事求是的思想路线。

（3）党的领导在中国特色社会主义建设中的重要性。

知识概括

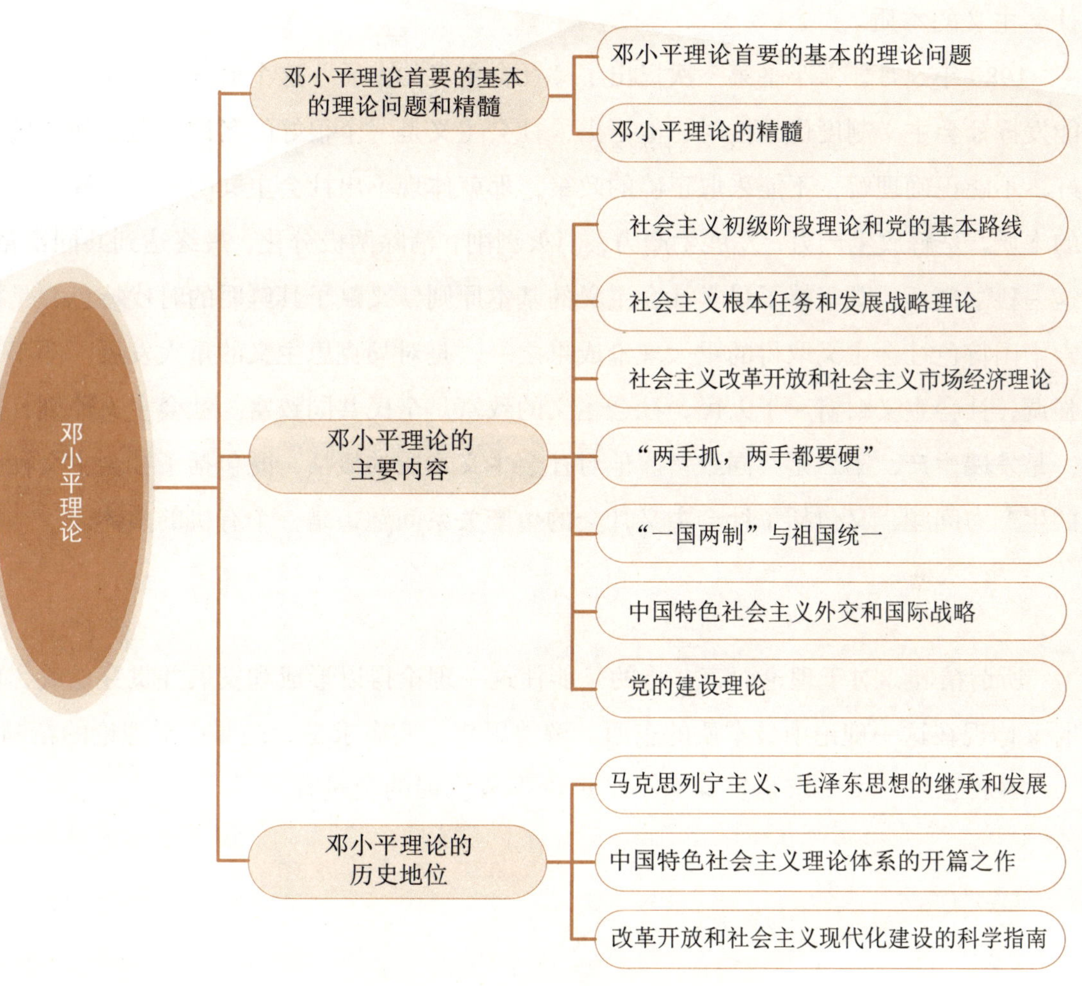
邓小平理论
邓小平理论首要的基本的理论问题和精髓
邓小平理论首要的基本的理论问题
邓小平理论的精髓
邓小平理论的主要内容
社会主义初级阶段理论和党的基本路线
社会主义根本任务和发展战略理论
社会主义改革开放和社会主义市场经济理论
“两手抓，两手都要硬”
“一国两制”与祖国统一
中国特色社会主义外交和国际战略
党的建设理论
邓小平理论的历史地位
马克思列宁主义、毛泽东思想的继承和发展
中国特色社会主义理论体系的开篇之作
改革开放和社会主义现代化建设的科学指南

一、邓小平理论首要的基本的理论问题和精髓

（一）邓小平理论首要的基本的理论问题

什么是社会主义、怎样建设社会主义，是邓小平在领导改革开放和现代化建设这一新的革命过程中，不断提出和反复思考的首要的基本的理论问题。

搞清楚这个基本问题，关键是要在坚持社会主义基本制度的基础上进一步认清社会主义的本质。

1980年5月，邓小平第一次提出了“社会主义的本质”这个概念。在谈到怎样才能发挥社会主义制度优越性时，他指出，社会主义是一个很好的名词，但是如果搞不好，不能正确理解，不能采取正确的政策，那就体现不出社会主义的本质。社会主义的本质，是解放生产力，发展生产力，消灭剥削，消除两极分化，最终达到共同富裕。这一科学概括，既坚持了科学社会主义的基本原则，又赋予其鲜明的时代特色，是探索中国特色社会主义取得的重大理论成果之一，是对马克思主义的重大发展。邓小平强调，社会主义财富属于人民，社会主义的致富是全民共同致富。社会主义原则，第一是发展生产，第二是共同致富。他对社会主义本质的概括，既包括了社会主义社会的生产力问题，又包括了社会主义社会的生产关系问题，是一个有机的整体。

（二）邓小平理论的精髓

所谓精髓，对于理论而言，指的是能使这一理论得以形成和发展并贯穿始终，同时又体现在这一理论中最本质的东西。解放思想、实事求是，是邓小平理论的精髓。

解放思想、实事求是贯穿邓小平理论形成发展的全过程。

二、邓小平理论的主要内容

（一）社会主义初级阶段理论和党的基本路线

1. 社会主义初级阶段理论

我国处在社会主义初级阶段，是邓小平和我们党对当代中国基本国情的科学

判断。

党的十三大召开前夕，邓小平指出，社会主义本身是共产主义的初级阶段，而我们中国又处在社会主义的初级阶段，就是不发达的阶段。一切都要从这个实际出发，根据这个实际来制订规划。党的十三大系统地阐述了社会主义初级阶段的科学内涵。明确指出，社会主义初级阶段，就是指我国在生产力落后、商品经济不发达条件下建设社会主义必然要经历的特定阶段。社会主义初级阶段的论断包括两层含义：第一，我国已经进入社会主义社会，必须坚持而不能离开社会主义；第二，我国的社会主义社会还处在初级阶段，必须正视而不能超越初级阶段。

党的十五大进一步概括了社会主义初级阶段的特征，强调现在处于并将长期处于社会主义初级阶段是中国最大的实际。

社会主义初级阶段理论基于对中国国情的准确把握，揭示了当代中国的历史方位，是对马克思主义关于社会主义发展阶段理论的重大发展和重大突破，为建设中国特色社会主义提供了总依据。

2. 党在社会主义初级阶段的基本路线

党的十三大报告提出了党在社会主义初级阶段的基本路线：领导和团结全国各族人民，以经济建设为中心，坚持四项基本原则，坚持改革开放，自力更生，艰苦创业，为把我国建设成为富强、民主、文明的社会主义现代化国家而奋斗。

党的基本路线高度概括了党在社会主义初级阶段的奋斗目标、领导力量和依靠力量、基本途径和根本保证以及实现这一目标的基本方针。首先，建设“富强、民主、文明的社会主义现代化国家”是党在社会主义初级阶段的奋斗目标。其次，“以经济建设为中心，坚持四项基本原则，坚持改革开放”是实现奋斗目标的基本途径。再次，“领导和团结各族人民”是实现奋斗目标的领导力量和依靠力量。最后，“自力更生，艰苦创业”是实现奋斗目标的根本立足点。

“以经济建设为中心，坚持四项基本原则，坚持改革开放”，即“一个中心、两个基本点”是党在社会主义初级阶段基本路线的简明概括。能否坚持以经济建设为中心，是关系到我国社会主义现代化的成败、关系到社会主义的前途和命运的大问题。四项基本原则是立国之本，是我们党和国家生存发展的政治基石；改革开放是强国之路，是我们党和国家发展进步的活力源泉。把两个基本点有机结合起来，既要以四项基本原则保证改革开放的正确方向，又要通过改革开放赋予四项基本原则新的时代内涵。要把以经济建设为中心同坚持四项基本原则、坚持改革开放这两个基本点，统一于中国特色社会主义的伟大实践，贯穿于社会主义现代化建设的整个过程。

党的基本路线在改革开放实践中不断充实和完善。党的十七大把“和谐”与“富强、民主、文明”一起写入了基本路线。党的十九大提出“为把我国建设成为富强民主文明和谐美丽的社会主义现代化强国而奋斗”，进一步扩展了党的基本路线。

（二）社会主义根本任务和发展战略理论

1. 社会主义根本任务的理论

生产力是社会发展的最根本的决定性因素，社会主义的根本任务是发展生产力，党和国家的工作重点是经济建设。

（1）邓小平强调，发展才是硬道理，中国解决所有问题的关键是要靠自己的发展。他还强调，社会主义制度优越性的根本表现，就是能够允许社会生产力以旧社会所没有的速度迅速发展。

（2）发展生产力离不开科学技术。邓小平提出“科学技术是第一生产力”的论断。

2. 分三步走基本实现现代化的发展战略

党的十一届三中全会以后，邓小平深入思考如何从中国的具体国情出发推进社会主义现代化。1979 年 12 月，他在同日本首相大平正芳谈话中用“小康”来阐释“中国式的现代化”。在 1980 年底的中央工作会上，他进一步明确提出：“经过二十年的时间，使我国现代化经济建设的发展达到小康水平，然后继续前进，逐步达到更高程度的现代化。”此后，逐步形成了分三步走基本实现现代化的发展战略。

党的十三大把邓小平提出的“小康社会”思想和“三步走”的发展战略构想确定下来，明确提出：第一步，从 1981 年到 1990 年实现国民生产总值比 1980 年翻一番，解决人民的温饱问题；第二步，从 1991 年到 20 世纪末，使国民生产总值再增长一倍，人民生活达到小康水平；第三步，到 21 世纪中叶，人均国民生产总值达到中等发达国家水平，人民生活比较富裕，基本实现现代化。然后在这个基础上继续前进。

（1）“三步走”的发展战略，把我国社会主义现代化建设的目标具体化为切实可行的步骤，为基本实现现代化明确了发展方向，展现了美好的前景，成为全国人民团结奋斗的行动纲领。为了更好地实现“三步走”的现代化发展战略，邓小平提出了以重点带动全局的思想。

（2）为了更好地实现现代化发展战略，邓小平提出了“台阶式”发展的思想，要求抓住机遇，加快发展，争取隔几年使国民经济上一个新台阶。

（3）为了更好地实现“三步走”的发展战略，邓小平还提出允许和鼓励一部分地区、一部分人先富起来逐步实现共同富裕的思想。

（三）社会主义改革开放和社会主义市场经济理论

1. 社会主义改革开放理论

改革是一场深刻的社会变革，是中国的第一次革命，是实现中国现代化的必由之路。

改革的实质和目标，是要从根本上改变束缚我国生产力发展的经济体制，建立充满生机和活力的社会主义新经济体制，同时相应地改革政治体制和其他方面的体制，以实现中国的社会主义现代化。

改革是一场新的革命，是社会主义制度的自我完善和发展。

改革是社会主义社会发展的直接动力。邓小平指出，要发展生产力，经济体制改革是必由之路。改革是从根本上改变束缚生产力发展的经济体制，促进生产力的发展，解决社会主义社会发展动力问题。

改革是一项崭新的事业，是一个大试验。判断改革和各方面是非得失，归根到底，主要看是否有利于发展社会主义社会的生产力，是否有利于增强社会主义国家的综合国力，是否有利于提高人民的生活水平。

开放也是改革，对外开放是建设中国特色社会主义的一项基本国策，和改革一起成为新时期最鲜明的特征。

实行对外开放要正确对待资本主义社会创造的现代文明成果。

对外开放过程中要高度珍惜并坚决维护中国人民经过长期奋斗得来的独立自主权利。

2. 社会主义市场经济理论

社会主义市场经济理论的要点有：一是计划经济和市场经济不是划分社会制度的标志，计划经济不等于社会主义，市场经济也不等于资本主义；二是计划和市场都是经济手段，对经济活动的调节各有优劣，社会主义实行市场经济要把两者优势结合起来；三是市场经济作为资源配置手段本身不具有制度属性，可以和不同的社会制度结合，从而表现出不同的性质。

（四）“两手抓，两手都要硬”

一手抓物质文明，一手抓精神文明，“两手抓，两手都要硬”，这是我国社会主义现代化建设的一个根本方针。

邓小平还提出了其他一系列“两手抓”：①“一手抓建设，一手抓法制”；②“一手抓改革开放，一手抓惩治腐败”。

（五）“一国两制”与祖国统一

“一国两制”构想的基本内容主要有：①坚持一个中国，这是“和平统一、一国两制”的核心，是发展两岸关系和实现和平统一的基础；②两制并存，在祖国统一的前提下，国家的主体部分实行社会主义制度，同时在香港、澳门、台湾保持原有的社会制度和生活方式长期不变；③高度自治，祖国完全统一后，香港、澳门、台湾作为中央政府全面管辖下的特别行政区，享有不同于中国其他省、市、自治区的高度自治权，台湾、香港、澳门同胞各种合法权益将得到切实尊重和维护；④尽最大努力争取和平统一，但不承诺放弃使用武力；⑤解决台湾问题，实现祖国完全统一，寄希望于台湾人民。

（六）中国特色社会主义外交和国际战略

邓小平作出和平与发展成为时代主题的判断。在此基础上，提出了许多以和平的方式稳定世界局势的新办法和新思路。

（1）明确维护我国的独立和主权，促进世界的和平与发展，是中国外交政策的基本目标。

（2）坚持在和平共处五项原则的基础上，建立和平、稳定、公正、合理的国际新秩序。

（3）坚持以独立自主、完全平等、互相尊重、互不干涉内部事务原则处理同各国共产党和其他政党的关系。

（4）1989 年以后，国际局势风云变幻，世界社会主义事业出现严重曲折。关于外交工作，邓小平强调要反对霸权主义，维护世界和平，为我国社会主义现代化建设争取一个较长时期的国际和平环境；坚持在和平共处五项原则基础上发展同所有国家的友好合作关系；高度重视第三世界国家的战略地位和作用，强调加强同它们的团结与合作；主张积极推动建立和平稳定、公正合理的国际政治经济新秩序；强调坚定不移地实行对外开放政策；确定了冷静观察、稳住阵脚、沉着应付、韬光养晦、有所作为、善于守拙、决不当头的方针；确立党际关系“四项原则”，开创党的对外工作新局面；强调中国是维护世界和平与稳定的力量，要对人类进步事业作出更大的贡献。

（七）党的建设理论

建设中国特色社会主义，关键在于坚持、加强和改善党的领导。

加强党的建设，是我们党领导人民取得革命和建设胜利的一个法宝。

1. 加强党的思想建设

重视马克思主义理论学习是加强党的建设，从而加强工作中的原则性、系统性、预见性和创造性的必修课。

2. 加强党的组织建设

加强组织建设是党的建设的重要环节。要坚持和健全民主集中制、加强和改进党的基层组织建设、培养和选拔德才兼备的领导干部是组织建设的重要问题。加强领导班子建设，培养和选拔德才兼备的各级领导干部，是加强党的建设，保证党的路线的连续性和国家长治久安的根本大计。要按照“革命化、年轻化、知识化、专业化”的方针培养和选拔德才兼备的领导干部。

3. 加强党的作风建设

执政党的党风是关系党生死存亡的重大问题。一定要坚持党的宗旨，继承党的优良传统，发扬党的理论和实践相结合的作风、和人民群众紧密地联系在一起的作风以及批评与自我批评的作风。要把反腐败斗争摆在党风建设的突出位置。

4. 加强党的制度建设

（1）健全党的各级代表大会制度，党内选举制度，党的组织生活制度，集体领导和个人分工负责相结合的制度，保证党内生活的民主化。

（2）健全干部选举、招考、任免、考核、弹劾、轮换、职务任期以及离休、退休等一整套制度，废除实际存在的干部领导职务终身制，逐步形成优秀人才能够脱颖而出、富有生机与活力的用人机制。

（3）完善党内监督制度等。

三、邓小平理论的历史地位

（一）马克思列宁主义、毛泽东思想的继承和发展

邓小平理论是马克思列宁主义基本原理同当代中国实际和时代特征相结合的产物，是对马克思列宁主义、毛泽东思想的继承和发展，是全党全国人民集体智慧的结晶。邓小平是我国改革开放和社会主义现代化建设的总设计师，对邓小平理论的创立作出了历史性的重大贡献。

（二）中国特色社会主义理论体系的开篇之作

邓小平理论第一次比较系统地初步回答了建设中国特色社会主义的一系列基本问题，包括社会主义初级阶段理论，党在社会主义初级阶段的基本路线，社会主义

根本任务和发展战略，社会主义改革开放理论，社会主义市场经济理论，“两手抓，两手都要硬”，“一国两制”和实现祖国统一，中国特色社会主义外交和国际战略，党的建设理论，等等，形成了一个比较完备的科学体系。这一科学体系贯通哲学、政治经济学、科学社会主义等领域，涵盖经济、政治、科技、教育、文化、民族、军事、外交、统一战线、党的建设等方面，为我们坚持走自己的路，建设中国特色社会主义提供了根本遵循。

（三）改革开放和社会主义现代化建设的科学指南

邓小平理论指导了改革开放的伟大实践。在邓小平理论指导下，改革开放后的中国发生翻天覆地的变化，迎来了思想的解放、经济的发展、政治的昌明、教育的勃兴、文艺的繁荣、科学的春天。邓小平理论是邓小平留给我们的最重要的思想遗产。邓小平理论经过改革开放和现代化建设实践的检验，已经被证明是指导中国人民建设中国特色社会主义、保证中国在改革开放中实现国家繁荣富强和人民共同富裕的系统的科学的理论。

学习自测

一、单项选择题

1．“一国两制”的核心是（　　）。

A．“一个中国”原则

B．港、澳、台地区实行高度自治

C．港、澳、台地区保持繁荣稳定

D．港、澳、台地区保持原有的资本主义制度 50 年不变

2．搞清楚邓小平理论的基本问题，关键是要在坚持社会主义基本制度的基础上进一步认清（　　）。

A．社会主义的根本任务　　B．社会主义的本质

C．社会主义的根本问题　　D．社会主义的根本原则

3．邓小平理论的精髓是（　　）。

A．一切从实际出发　　B．解放思想，实事求是

C．社会主义本质理论　　D．社会主义市场经济理论

4．邓小平提出的社会主义两大原则是（　　）。

A．对内改革和对外开放　　B．公有制和市场经济

C．发展生产和共同致富　　D．建设高度的物质文明和精神文明

5．我国社会主义初级阶段是（　　）。

A．任何国家进入社会主义都必须经历的起始阶段

B．社会主义的不发达阶段

C．由新民主主义社会向社会主义社会过渡的阶段

D．由资本主义社会向社会主义社会过渡的阶段

6．贯穿邓小平理论形成发展的全过程的是（　　）。

A．解放思想、实事求是　　B．什么是社会主义、怎样建设社会主义

C．发展才是硬道理　　D．发展是党执政兴国的第一要务

7．邓小平首次提出“社会主义的本质”的概念，是在（　　）。

A．1978 年　　B．1980 年

C．1985 年　　D．1992 年

8．建设有中国特色社会主义首要的基本的理论问题是（　　）。

A．解放思想，实事求是

B．什么是社会主义，怎样建设社会主义

C．一个中心，两个基本点

D．正确处理改革、发展、稳定的关系

9．党的十三大系统地阐述了（　　）的科学内涵。

A．社会主义本质　　B．社会主义初级阶段

C．社会主义市场经济　　D．社会主义制度

10．社会主义的根本任务是（　　）。

A．发展生产力

B．深化改革扩大开放

C．坚持党的基本路线

D．加强社会主义精神文明和民主政治建设

11．1980 年 5 月，邓小平说：社会主义是一个很好的名词，但是如果搞不好，

不能正确理解，不能采取正确的政策，那就体现不出（　　）。

A. 社会主义的本质　　B. 社会主义的特征

C. 社会主义的目标　　D. 社会主义的原则

12. 社会主义社会发展的直接动力是（　　）。

A. 革命　　B. 改革

C. 政治运动　　D. 阶级斗争

13.（　　）是党在社会主义初级阶段基本路线的简明概括。

A. 以经济建设为中心　　B. 坚持四项基本原则

C. 坚持改革开放　　D. 一个中心，两个基本点

14.（　　）是立国之本，是我们党和国家生存发展的政治基石。

A. 以经济建设为中心　　B. 改革开放

C. 发展生产力　　D. 四项基本原则

15. 一种社会制度是否具有优越性，从根本上说，就是看其（　　）。

A. 能否消灭剥削现象　　B. 能否实现社会公正

C. 能否促进生产力的发展　　D. 能否公平占有生产资料和消费品

16.（　　）是党在社会主义初级阶段的奋斗目标。

A. 建设“富强、民主、文明的社会主义现代化国家”

B.“领导和团结各族人民”

C.“自力更生，艰苦创业”

D.“一个中心、两个基本点”

17.（　　）是强国之路，是我们党和国家发展进步的活力源泉。

A. 改革开放　　B. 以经济建设为中心

C. 发展生产力　　D. 四项基本原则

18. 党的十三大确定了（　　）的发展战略。

A. 三步走　　B. 两步走

C. 四步走　　D. 五步走

二、多项选择题

1. 下列属于邓小平理论主要内容的是（　　）。

A. 社会主义初级阶段理论和党的基本路线

B．社会主义根本任务和发展战略理论

C．社会主义改革开放和社会主义市场经济理论

D．“两手抓，两手都要硬”

2．邓小平关于社会主义本质的科学概括的显著特点是（　　）。

A．突出生产力的基础地位

B．突出四项基本原则的主导地位

C．突出社会主义的价值目标

D．在目标的层次上界定社会主义的本质

3．社会主义的本质是（　　）。

A．解放生产力，发展生产力　　B．消灭剥削

C．消除两极分化　　D．最终达到共同富裕

4．邓小平理论的中国特色社会主义外交和国际战略坚持以（　　）原则处理同各国共产党和其他政党的关系。

A．独立自主　　B．完全平等

C．互相尊重　　D．互不干涉内部事务

5．邓小平党的建设理论包括（　　）。

A．加强党的思想建设　　B．加强党的组织建设

C．加强党的作风建设　　D．加强党的制度建设

6．下列说法中正确的是（　　）。

A．改革是一场深刻的社会变革

B．改革是一场新的革命

C．改革是社会主义社会发展的直接动力

D．改革是一项崭新的事业，是一个大试验

三、判断题

1．社会主义的根本任务是发展生产力，马克思主义执政党必须高度重视解放和发展生产力。（　　）

2．我国处在社会主义初级阶段，是中国共产党和邓小平对当代中国基本国情的科学判断。（　　）

3．党的十五大进一步概括了社会主义初级阶段的特征，强调现在处于并将长

期处于社会主义初级阶段是中国最大的实际。（　　）

4．党的十七大把“和谐”与“富强、民主、文明”一起写入了基本路线。

（　　）

5．邓小平理论是马克思列宁主义基本原理同当代中国实际和时代特征相结合的产物。（　　）

6．加强党的思想建设是我们党领导人民取得革命和建设胜利的一个法宝。

（　　）

7．邓小平对社会主义本质的概括，既包括了社会主义社会的生产力问题，又包括了社会主义社会的生产关系问题，是一个有机的整体。（　　）

8．党在社会主义初级阶段的基本纲领，建设中国特色社会主义的经济、政治、文化和社会的基本目标和基本政策，四者可以分割。（　　）

9．“一个国家，两种制度”的构想，是以邓小平为代表的中国共产党人，在新的历史条件下，为和平解决台湾、香港和澳门的问题，实现祖国和平统一，把马克思主义的基本原理同中国实际相结合的产物。（　　）

10．邓小平理论是马克思主义中国化的一大理论成果。（　　）

11．党的十一届三中全会以来，邓小平和党中央提出了一系列“两手抓”的战略方针，其中关键是一手抓物质文明，一手抓精神文明。（　　）

12．根据“三步走”发展战略，到21世纪中叶，我国人均国民生产总值要接近中等发达国家水平。（　　）

四、简答题

1．如何认识邓小平理论首要的基本的理论问题？

2．如何把握邓小平理论的主要内容？

3．如何认识邓小平理论的历史地位？

参考答案

一、单项选择题

1．A	2．B	3．B	4．C	5．B
6．A	7．B	8．B	9．B	10．A
11．A	12．B	13．D	14．D	15．C

16．A　　17．A　　18．A

二、多项选择题

1．ABCD　　2．ACD　　3．ABCD　　4．ABCD　　5．ABCD

6．ABCD

三、判断题

1．√　　2．√　　3．√　　4．√　　5．√

6．×　　7．√　　8．×　　9．√　　10．√

11．√　　12．×

四、简答题

1．提示：

邓小平理论是在和平与发展成为时代主题的历史条件下，在总结我国社会主义胜利和挫折的历史经验并借鉴其他社会主义国家兴衰成败历史经验的基础上，在我国改革开放和现代化建设的实践中，逐步形成和发展起来的。

2．提示：

（1）社会主义初级阶段理论。

（2）党在社会主义初级阶段的基本路线。

（3）社会主义根本任务的理论。

（4）分三步走基本实现现代化的发展战略。

（5）社会主义改革开放理论。

（6）社会主义市场经济理论。

（7）“两手抓，两手都要硬”。

（8）“一国两制”与祖国统一。

（9）中国特色社会主义外交和国际战略。

（10）党的建设理论。

3．提示：

（1）邓小平理论是马克思列宁主义基本原理同当代中国实际和时代特征相结合的产物，是对马克思列宁主义、毛泽东思想的继承和发展，是全党全国人民集体智慧的结晶。

（2）邓小平理论是中国特色社会主义理论体系的开篇之作。

（3）邓小平理论是改革开放和社会主义现代化建设的科学指南。

实践进行时

对社会主义本质再认识

实践项目

参观改革开放成就展等相关展览，认识社会主义的本质。

实践方案

一、活动目的

让学生更直观地了解我国社会主义发展的成就，从而加深对社会主义本质的理解。

二、活动方案

时间：课余时间完成。

地点：博物馆、展览馆等。

方式：分小组进行。

流程：

（1）分组。5人一组，每组选出一名组长。

（2）到当地的博物馆、展览馆等参观改革开放成就展等相关展览。

（3）通过搜索相关资料或者观看相关视频进一步感受改革开放以来我国发生的巨大变化。

（4）实践活动结束后，每人写一篇心得体会，每组选出一篇在课堂上朗读。

拓展阅读

世界看“一国两制”：中国创举　香港之幸

1997年7月1日，被英国殖民统治100多年的香港终于回到祖国怀抱，“一国两制”伟大构想开始在香港落地生根。

回归祖国的最佳方案

20年前，“一国两制”这一崭新的制度安排在香港闪亮登场之时，某些西方媒体并不看好。如今，20年的实践证明，“一国两制”不仅是解决历史遗留的香港问题的最佳方案，也是香港回归后保持长期繁荣稳定的最佳制度安排。

巴基斯坦巴哈丁·扎卡里亚大学国际关系教授法鲁克·扎因认为，回顾香港回归以来的20年，香港和内地在“一国两制”下实现了双赢。20年的时间足以证明“一国两制”是成功的政策。任何尊重事实和没有偏见的人都会称赞这一方案和中国政府对这一方案的贯彻实施。

扎因说，在香港回归前，一些西方媒体故意渲染中国政府在香港极有可能遭遇失败。但事实证明，香港回归没有扰乱香港民众的生活，香港的商业活动一如既往，那些谣言不攻自破。

香港美国商会主席沃尔特·迪亚斯介绍说，在1997年香港回归前，部分美国公司由于不看好“一国两制”而对香港前景产生担忧，选择离开香港。现在回想起来，一定会有很多离开的人后悔当初的决定，因为香港自从回归中国后取得了很大成功，而当初选择留在香港的外国公司受益匪浅。

俄罗斯科学院远东研究所下属中国与俄罗斯关系史中心研究员亚历山大·叶尔绍夫对新华社记者说，从历史角度看，中国在1997年对香港恢复行使主权使公平正义得以伸张。

叶尔绍夫指出，从欧洲地区的历史经验看，这种类似的“回归”都是一种社会制度取代另一种社会制度，但中国用“一国两制”细致耐心地解决了与回归相关的社会制度“对接”问题。香港回归20年的实践证明“一国两制”行之有效。

英国前首相撒切尔夫人当政期间最重要的外交政策顾问之一、现任议会上院议员查尔斯·鲍威尔在接受新华社记者采访时表示，“一国两制”以一种“优雅的方式”解决了难题，也是一种长期的解决方案。“这既是中国创举，也是香港之幸。”

稳定繁荣的有力保障

回归祖国怀抱以来，在“一国两制”安排的保障下，香港经济、社会不断发展，继续保持国际金融、航运、贸易中心地位，持续多年被评为全球最自由经济体。

1997年至2016年，香港本地生产总值年均实质增长3.2%，在发达经济体中位居前列。香港居民男女平均预期寿命达到81.2岁和87.3岁，双双位居全球前列。

美国驻香港及澳门总领事唐伟康指出，在香港实行的独特的“一国两制”是成功的。“一国两制”在确保香港属于中国的同时，也保障了香港的特殊性。香港民众从这一独特的政策中尤其受益。这一政策确保了香港的繁荣和安全。

在香港生活过10年的新加坡南洋理工大学拉惹勒南国际研究院副教授吴逢时认为，回归以后，香港保持了自身国际顶尖大都市、金融中心的地位，依然是全球范围内对人才吸引力最高的城市之一；而且在中国深层次国际化的过程中扮演着重要角色，是外资进入中国和中资外投的关键口岸。

叶尔绍夫指出，在香港回归前，国际舆论对香港经济的发展前景众说纷纭。回归20年来的事实说明，那些悲观的预测都错了。回归后的香港，城市建设继续发展，经济实力更强。这是因为中国内地经济发展迅猛，而香港与内地在经济方面已融为一体，这使得香港拥有更多融资渠道和人力资源，这样的经济发展规模是回归前无法比拟的。

扎因说，正是因为实施了“一国两制”，再加上中国经济实力快速提升，香港回归后才保持了国际金融、航运和贸易中心的地位。“一国两制”的成功也帮助中国在世界范围内赢得了尊重，塑造了正面形象。香港未来的繁荣和这一政策紧密相连。

在阿根廷德莱昂律师事务所国际法专家保拉·德西蒙看来，在“一国两制”政策的保障下，香港既能保持原有优势，又拥有了巨大的内地市场。来自内地的投资和市场活力给香港带来了可观的经济溢出效应。

从1998年亚洲金融危机到2003年“非典”疫情，再到2008年国际金融危机，每当香港特区遭遇重大困难时，中央政府总是在第一时间伸出援手，成为香港战胜困难最坚强的后盾。

扎因认为，在“一国两制”下，香港享受到了内地快速发展的红利，内地给予香港的远比承诺的要多很多。香港回归后，亚洲经历金融危机，中国中央政府坚定地显示了保证香港繁荣稳定的决心。

美好未来的坚固基石

香港特别行政区在“一国两制”的指引以及中央政府和祖国内地的关心支持下，将步入全新的发展阶段。

“一带一路”、粤港澳大湾区、“双创”大潮……作为连通内地、沟通中外的重要支点，香港在国家发展的重大战略中都应该也能够有所作为，抓住发展机遇，赢得更加美好的明天。

国际舆论看好香港发展的未来，并纷纷为香港的发展出谋划策。

墨西哥自治技术学院亚太问题研究员乌利塞斯·格拉纳多斯表示，香港可继续发挥“一国两制”政策优势，发展转变成创新中心，吸引更多发展项目。

埃及艾因沙姆斯大学中文系教授纳赛尔·阿卜杜勒－阿勒认为，香港应在未来抓住“一带一路”建设的机遇，在对外投资和对外金融合作等领域可先行先试，继续发挥好连接中外的作用。

扎因提出，香港应该和内地建立更多沟通桥梁，从而在内地的发展和繁荣中受益。

叶尔绍夫强调，如果香港不回归，就不可能拥有今天的高度自治权和更好的发展条件。“我认为，在庆祝香港回归30年时，中国内地和香港会取得比现在更多的优异发展成绩。”

【刘健、吴昊、王丽丽等，世界看“一国两制”：中国创举 香港之幸．新华社，2017年6月29日】

第七章

“三个代表”重要思想

学习引导

学习目标

（1）准确理解“三个代表”重要思想的核心观点和主要内容。

（2）科学认识“三个代表”重要思想的历史地位。

学习重点

（1）“三个代表”重要思想的核心观点。

（2）建立社会主义市场经济体制的重要性。

（3）全面建设小康社会这一奋斗目标的作用。

（4）建设社会主义政治文明的措施及其重要性。

（5）推进党的建设新的伟大工程的措施，明确建设什么样的党、怎样建设党。

学习难点

（1）发展为什么是党执政兴国的第一要务。

（2）全面建设小康社会这一奋斗目标的作用。

（3）建设什么样的党、怎样建设党。

知识概括

- “三个代表”重要思想
  - “三个代表”重要思想的核心观点
    - 始终代表中国先进生产力的发展要求
    - 始终代表中国先进文化的前进方向
    - 始终代表中国最广大人民的根本利益
  - “三个代表”重要思想的主要内容
    - 发展是党执政兴国的第一要务
    - 建立社会主义市场经济体制
    - 全面建设小康社会
    - 建设社会主义政治文明
    - 实施“引进来”和“走出去”相结合的对外开放战略
    - 推进党的建设新的伟大工程
  - “三个代表”重要思想的历史地位
    - 中国特色社会主义理论体系的丰富发展
    - 加强和改进党的建设、推进中国特色社会主义事业的强大理论武器

一、“三个代表”重要思想的核心观点

中国共产党必须始终代表中国先进生产力的发展要求，代表中国先进文化的前进方向，代表中国最广大人民的根本利益。

（一）始终代表中国先进生产力的发展要求

（1）广大工人、农民和知识分子始终是推动我国先进生产力发展和社会全面进步的根本力量。在社会变革中出现的民营科技企业的创业人员和技术员等社会阶层，都是中国特色社会主义事业的建设者。

（2）科学技术是第一生产力，是先进生产力的集中体现和主要标志。科技进步和创新是发展生产力的决定因素。

（3）促进先进生产力的发展，就要使生产关系和上层建筑的各个方面不断体现先进生产力的发展要求。

（二）始终代表中国先进文化的前进方向

始终代表中国先进文化的前进方向，就是党的理论、路线、纲领、方针、政策和各项工作，必须努力体现发展面向现代化、面向世界、面向未来的，民族的科学的大众的社会主义文化的要求，促进全民族思想道德素质和科学文化素质的不断提高，为我国经济发展和社会进步提供精神动力和智力支持。

（1）发展先进文化，是实现社会主义现代化的战略任务。

（2）发展先进文化，就是发展中国特色社会主义的文化，就是建设社会主义精神文明。

（3）发展先进文化，就是发展面向现代化、面向世界、面向未来的，民族的科学的大众的社会主义文化。

（4）发展先进文化，要把弘扬主旋律和提倡多样化统一起来，支持健康有益文化，努力改造落后文化，坚决抵制腐朽文化。

（5）弘扬民族精神是发展先进文化极为重要的任务。

（6）加强社会主义思想道德建设，是发展先进文化的重要内容和中心环节。

（7）做好思想政治工作是发展先进文化的重要任务。

（8）教育是发展先进文化、建设物质文明和精神文明建设的基础工程。

（9）繁荣发展哲学社会科学，是发展先进文化、建设社会主义精神文明的重要组成部分。

（10）发展先进文化，需要充分发挥新闻媒体的作用。

（11）发展先进文化，需要重视社会主义文艺事业的繁荣发展。

（12）发展先进文化，必须大力推进文化体制改革。

（三）始终代表中国最广大人民的根本利益

（1）人民是我们国家的主人，是决定我国前途和命运的根本力量，是历史的真正创造者。我们全部工作的出发点和落脚点，就是不断实现好维护好发展好最广大人民的根本利益。

（2）我们党来自人民，植根于人民，服务于人民。

（3）我们党始终坚持人民的利益高于一切。

（4）要努力使工人、农民、知识分子和其他群众共同享受到经济社会发展的成果。

（5）在我国社会深刻变革、党和国家事业快速发展的进程中，妥善处理各方面的利益关系，把一切积极因素充分调动和凝聚起来，至关重要。

贯彻“三个代表”重要思想，关键在坚持与时俱进，核心在坚持党的先进性，本质在坚持执政为民。

二、“三个代表”重要思想的主要内容

（一）发展是党执政兴国的第一要务

党要承担起推动中国社会进步的历史责任，必须始终紧紧抓住发展这个执政兴国的第一要务，把坚持党的先进性和发挥社会主义制度的优越性，落实到发展先进生产力、发展先进文化、实现最广大人民的根本利益上来，推动社会全面进步，促

进人的全面发展。中国特色社会主义是靠发展来不断巩固和推进的。社会主义要强大，体现优越性，关键在发展。

发展是国际竞争中赢得主动的需要。

用发展的办法解决前进中的问题，是改革开放以来我国的一条重要经验。

发展是硬道理，中国解决所有问题的关键在于依靠自己的发展。实现全面建设小康社会的宏伟目标，进一步提高人民的物质文化生活水平，要靠发展；增强我国的综合国力，实现中华民族的伟大复兴，要靠发展；实现祖国的完全统一，要靠发展；促进世界和平与发展的崇高事业，要靠发展；解决人们的思想认识问题，说服那些不相信社会主义的人，坚定对社会主义和祖国未来前途的信念和信心，最终也要靠发展。

发展要善于抓住机遇，珍惜机遇，用好机遇。江泽民指出，综观全局，21 世纪头二十年，对我国来说，是一个必须紧紧抓住并且可以大有作为的重要战略机遇期。一定要有主动精神和忧患意识，抓住机遇而不可丧失机遇。

发展是社会主义物质文明、政治文明和精神文明的协调发展。

发展包括促进人的全面发展。

要正确认识和处理改革、发展、稳定的关系。

发展必须毫不动摇地坚持党在社会主义初级阶段的基本路线。坚持党的基本路线不动摇，关键是坚持以经济建设为中心不动摇。

（二）建立社会主义市场经济体制

党的十四大正式把建立社会主义市场经济体制确立为我国经济体制改革的目标。党的十四届三中全会通过的《中共中央关于建立社会主义市场经济体制若干问题的决定》，勾画了建立社会主义市场经济体制的蓝图和基本框架。到 20 世纪末，我国初步建立了社会主义市场经济体制。

（1）建立社会主义市场经济体制，必须坚持和完善公有制为主体、多种所有制经济共同发展的社会主义基本经济制度。必须毫不动摇地巩固和发展公有制经济。必须毫不动摇地鼓励、支持和引导非公有制经济发展。

（2）按照社会主义市场经济的要求，进一步探索公有制特别是国有制的多种有效实现形式。大力推进企业的体制、技术和管理创新，建立中国特色现代企业制度。按照“产权清晰、权责明确、政企分开、管理科学”的要求，对国有大中型企业实行规范的公司制改革，使企业成为适应市场的法人实体和竞争主体。

（3）发挥市场机制的作用和国家宏观调控，是社会主义市场经济体制的本质要求。

（4）完善适应社会主义市场经济体制的分配关系。调整和规范国家、企业和个人的分配关系。确立劳动、资本、技术和管理等生产要素按贡献参与分配的原则，完善按劳分配为主体、多种分配方式并存的分配制度。

（5）建立和完善社会保障体系，是建立社会主义市场经济体制的重要内容。

（三）全面建设小康社会

党的十六大深刻阐述了全面建设小康社会的奋斗目标，强调我们要在21世纪头二十年，集中力量，全面建设惠及十几亿人口的更高水平的小康社会，使经济更加发展、民主更加健全、科教更加进步、文化更加繁荣、社会更加和谐、人民生活更加殷实。

全面建设小康社会，是实现现代化建设第三步战略目标必经的承上启下的发展阶段，也是完善社会主义市场经济体制和扩大对外开放的关键阶段。这是一个既体现时代精神，又具有中国特色，既实事求是、切实可行，又鼓舞人心、催人奋进的目标。全面建设小康社会的目标，符合我国国情，符合人民愿望，有利于最广泛最充分调动一切积极因素为实现中华民族的伟大复兴而奋斗。

（四）建设社会主义政治文明

建设社会主义政治文明，发展社会主义民主政治，是社会主义现代化建设的重要目标。

（1）建设社会主义政治文明，最根本的就是要坚持党的领导、人民当家作主和依法治国的有机统一。这是我们推进政治文明建设必须遵循的基本方针，也是我国社会主义政治文明区别于资本主义政治文明的本质特征。

（2）建设社会主义政治文明，必须发展社会主义民主。

（3）建设社会主义政治文明，必须坚持和完善中国特色社会主义政治制度。

（4）建设社会主义政治文明，必须坚持依法治国，建设社会主义法治国家。

（5）建设社会主义政治文明，必须进行政治体制改革。政治体制改革是社会主义政治制度的自我完善和发展。

（6）建设社会主义政治文明，必须推进决策的科学化民主化。

（7）建设社会主义政治文明，必须尊重和保障人权。

（五）实施“引进来”和“走出去”相结合的对外开放战略

（1）加入世界贸易组织，是以江泽民同志为主要代表的中国共产党人面对经济全球化趋势加快，从我国经济发展和改革开放的需要出发，作出的重大战略决策，标志着我国对外开放进入了一个新的阶段。

（2）办好经济特区是继续推进我国改革开放和现代化建设的重大举措。

（3）“走出去”是对外开放新阶段的重大战略举措。“引进来”和“走出去”，是我们对外开放方针的两个紧密联系、相互促进的方面，缺一不可。

（4）中国的发展和进步，离不开世界各国的文明成果。不管是哪种社会制度下创造的文明成果，只要是进步的优秀的东西，都应积极学习和运用。

（5）在对外开放的过程中，始终要注意维护国家的主权和经济社会安全，注意防范和化解国际风险的冲击。

（六）推进党的建设新的伟大工程

推进党的建设新的伟大工程，重点是加强党的执政能力建设。

推进党的建设新的伟大工程，一定要坚持党要管党、从严治党的方针，进一步解决提高党的领导水平和执政水平、提高拒腐防变和抵御风险能力这两大历史性课题；一定要准确把握当代中国社会前进的脉搏，改革和完善党的领导方式和执政方式、领导体制和工作制度，使党的工作充满活力；一定要把思想建设、组织建设和作风建设有机结合起来，把制度建设贯穿其中，既立足于做好经常性工作，又抓紧解决存在的突出问题。

我们党的最大政治优势是密切联系群众，党执政后的最大危险是脱离群众。全心全意为人民服务，立党为公，执政为民，是我们党同一切剥削阶级政党的根本区别。

三、“三个代表”重要思想的历史地位

（一）中国特色社会主义理论体系的丰富发展

“三个代表”重要思想创造性地运用了马克思列宁主义、毛泽东思想特别是邓小平理论，形成了富有独创性的新的理论成果，深化了我们对新的时代条件下推进中国特色社会主义事业、加强党的建设的规律的认识，以新的思想、观点、论断，继承、丰富和发展了马克思列宁主义、毛泽东思想、邓小平理论，实现了党在指导思想上的又一次与时俱进。

（二）加强和改进党的建设、推进中国特色社会主义事业的强大理论武器

“三个代表”重要思想在邓小平理论的基础上，进一步回答了什么是社会主义、怎样建设社会主义的问题，创造性地回答了建设什么样的党、怎样建设党的问题，进一步深化了对中国特色社会主义的认识。

“三个代表”重要思想反映了当代世界和中国的发展变化对党和国家工作的新要求，是加强和改进党的建设、推进我国社会主义自我完善和发展的强大理论武器，是党和国家必须长期坚持的指导思想，是党和人民的宝贵精神财富。

学习自测

一、单项选择题

1.（　　）是发展生产力的决定因素。

A．科学技术　　B．科技进步和创新

C．科技进步　　D．科技水平

2.（　　）是实现社会主义现代化的战略任务。

A．发展先进文化　　B．发展生产力

C. 发展社会主义文化　　D. 发展科学技术

3. 江泽民在党的十六大报告中，提出贯彻“三个代表”重要思想的根本要求，关键在（　　）。

A. 坚持与时俱进　　B. 坚持党的先进性

C. 坚持执政为民　　D. 坚持走群众路线

4. 江泽民在党的十六大报告中，提出贯彻“三个代表”重要思想的根本要求，核心在（　　）。

A. 坚持与时俱进　　B. 坚持党的先进性

C. 坚持执政为民　　D. 坚持发展先进生产力

5. 江泽民在党的十六大报告中，提出贯彻“三个代表”重要思想的根本要求，本质在（　　）。

A. 坚持与时俱进　　B. 坚持理论联系实际

C. 坚持执政为民　　D. 坚持党的先进性

6. 党的（　　）正式把建立社会主义市场经济体制确立为我国经济体制改革的目标。

A. 十三大　　B. 十五大

C. 十六大　　D. 十四大

7. 江泽民在党的十六大报告中指出，党执政兴国的第一要务是（　　）。

A. 发展　　B. 改革

C. 坚持四项基本原则　　D. 稳定

8.（　　）是实现现代化建设第三步战略目标必经的承上启下的发展阶段，也是完善社会主义市场经济体制和扩大对外开放的关键阶段。

A. 社会主义初级阶段　　B. 全面建设小康社会

C. 全面建成小康社会　　D. 新发展阶段

9. 对我国来说，一个必须紧紧抓住并且可以大有作为的重要战略机遇期是（　　）。

A. 21 世纪头 10 年　　B. 21 世纪头 50 年

C. 21 世纪头 20 年　　D. “十五”计划时期

10．坚持党的基本路线不动摇，关键是（　　）。

A．坚持以经济建设为中心不动摇　B．坚持改革开放不动摇

C．坚持党的领导不动摇　D．坚持社会主义道路不动摇

11．我们党的最大政治优势是（　　）。

A．以马克思主义为指导

B．讲大局、讲团结、讲稳定

C．善于组织群众、宣传群众、联系群众

D．从严治党

12．我国经济体制改革的中心环节是（　　）。

A．调整经济结构　B．走新型工业化道路

C．实施可持续发展战略　D．国有企业改革

13．标志着我国对外开放进入新阶段的重大举措是（　　）。

A．兴办经济特区　B．开放浦东新区

C．扩大出口　D．实施“走出去”战略

14．推进党的建设新的伟大工程，重点是（　　）。

A．加强党的思想建设　B．加强党的政治建设

C．加强党的执政能力建设　D．加强党的组织建设

15．“三个代表”重要思想在邓小平理论的基础上，进一步回答了（　　）的问题。

A．建设什么样的党、怎样建设党

B．什么是社会主义、怎样建设社会主义

C．中国向何处去

D．怎样建设社会主义

16．我们党全部工作的出发点和落脚点就是（　　）。

A．“三个代表”重要思想

B．全面建设小康社会

C．坚持与时俱进

D．不断实现好维护好发展好最广大人民的根本利益

17. “三个代表”重要思想创造性地回答的一个主要理论问题是（　　）。

A. 什么是党的指导思想

B. 什么是解放思想，实事求是

C. 建设什么样的党，怎样建设党

D. 什么是社会主义，怎样建设社会主义

二、多项选择题

1. 建设社会主义政治文明，最根本的就是要坚持（　　）的有机统一。

A. 党的领导　　B. 人民当家作主

C. 依法治国　　D. 党的建设

2. 建立社会主义市场经济体制必须（　　）。

A. 坚持和完善公有制为主体、多种所有制经济共同发展的社会主义基本经济制度

B. 毫不动摇地巩固和发展公有制经济

C. 毫不动摇地鼓励、支持和引导非公有制经济发展

D. 毫不动摇地坚持和发展中国特色社会主义

3. 下列说法正确的是（　　）。

A. 发展要善于抓住机遇，珍惜机遇，用好机遇

B. 发展是硬道理，中国解决所有问题的关键在于依靠自己的发展

C. 要正确认识和处理改革、发展、稳定的关系

D. 发展必须毫不动摇地坚持党在社会主义初级阶段的基本路线

4. 我们要在21世纪头20年，集中力量，全面建设惠及十几亿人口的更高水平的小康社会，使（　　）。

A. 经济更加发展　　B. 民主更加健全

C. 科教更加进步　　D. 文化更加繁荣

5. 建设社会主义政治文明必须（　　）。

A. 坚持和完善中国特色社会主义政治制度

B. 推进决策的科学化民主化

C. 尊重和保障人权

D. 坚持依法治国，建设社会主义法治国家

6. 按照（　　）的要求，对国有大中型企业实行规范的公司制改革，使企业成为适应市场的法人实体和竞争主体。

A. 产权清晰　　B. 权责明确

C. 政企分开　　D. 管理科学

三、判断题

1. 党的十四届三中全会通过的《中共中央关于建立社会主义市场经济体制若干问题的决定》，勾画了建立社会主义市场经济体制的蓝图和基本框架。（　　）

2. 党要坚持代表中国先进文化的前进方向，必须大力发展社会主义文化，建设社会主义精神文明。（　　）

3. “引进来”和“走出去”，是我们对外开放方针的两个紧密联系、相互促进的方面，缺一不可。（　　）

4. 发展是第一生产力，是先进生产力的集中体现和主要标志。（　　）

5. 贯彻“三个代表”重要思想，关键在坚持党的先进性。（　　）

6. 发展社会主义先进文化，必须弘扬民族精神。（　　）

7. “三个代表”重要思想是毛泽东思想在中国发展的最新成果。（　　）

四、简答题

1. 怎样准确把握“三个代表”重要思想的核心观点？

2. 怎样全面把握“三个代表”重要思想的主要内容？

3. 如何理解“三个代表”重要思想的历史地位？

参考答案

一、单项选择题

1. B	2. A	3. A	4. B	5. C
6. D	7. A	8. B	9. C	10. A
11. C	12. D	13. D	14. C	15. B
16. D	17. C			

二、多项选择题

1．ABC　2．ABC　3．ABCD　4．ABCD　5．ABCD

6．ABCD

三、判断题

1．√　2．√　3．√　4．×　5．×

6．√　7．×

四、简答题

1．提示：

（1）始终代表中国先进生产力的发展要求。

（2）始终代表中国先进文化的前进方向。

（3）始终代表中国最广大人民的根本利益。

2．提示：

（1）发展是党执政兴国的第一要务。

（2）建立社会主义市场经济体制。

（3）全面建设小康社会。

（4）建设社会主义政治文明。

（5）实施“引进来”和“走出去”相结合的对外开放战略。

（6）推进党的建设新的伟大工程。

3．提示：

（1）中国特色社会主义理论体系的丰富发展。“三个代表”重要思想，深化了我们对新的时代条件下推进中国特色社会主义事业、加强党的建设的规律的认识，以新的思想、观点、论断，继承、丰富和发展了马克思列宁主义、毛泽东思想、邓小平理论，实现了党在指导思想上的又一次与时俱进。

（2）加强和改进党的建设、推进中国特色社会主义事业的强大理论武器。“三个代表”重要思想在邓小平理论的基础上，进一步回答了什么是社会主义、怎样建设社会主义的问题，创造性地回答了建设什么样的党、怎样建设党的问题，进一步

深化了对中国特色社会主义的认识。

“三个代表”重要思想反映了当代世界和中国的发展变化对党和国家工作的新要求，是加强和改进党的建设、推进我国社会主义自我完善和发展的强大理论武器，是党和国家必须长期坚持的指导思想，是党和人民的宝贵精神财富。

实践进行时

寻找民族精神

实践项目

围绕“寻找民族精神”，制作 PPT 宣传片。

实践方案

一、活动目的

通过此次实践活动，使学生能够树立正确的世界观、人生观、价值观；以树立热爱祖国、报效祖国和人民为最大光荣；树立为祖国发展而努力学习的远大志向，继承和发扬伟大的中华民族精神。

二、活动方案

时间：课余时间完成。

地点：图书馆。

方式：分小组进行。

流程：

（1）分组。5 人一组，每组选出一名组长。

（2）到学校图书馆查找有关民族精神的资料（如长征精神、延安精神、井冈山精神、大庆精神等）。

（3）将所搜集的资料整理制作成 PPT，在课堂上展示。

（4）实践活动后，每人写一篇心得体会，说一说自己应该如何弘扬民族精神。

拓展阅读

故事，从大讨论开始
——社会主义市场经济体制确立历程

冲破思想禁锢

1978 年 5 月 11 日，一篇题为《实践是检验真理的唯一标准》的文章在《光明日报》发表。

一石激起千层浪，这篇文章很快引发一场全国范围关于真理标准问题的大讨论。这场大讨论，对中国社会发展产生深远意义，为党的十一届三中全会召开做了思想准备。

20 世纪 70 年代末的中国，正在探索前进的方向。新科技革命蓬勃兴起，世界经济快速发展，中国人民改变的愿望从未如此强烈。

1978 年底，党的十一届三中全会召开。这次会议作出把党和国家工作中心转移到经济建设上来、实行改革开放的历史性决策，中华巨轮驶入历史新航道。

思想的禁锢一旦冲破，整个社会压抑已久的活力和创造力就会喷涌而出，演化成推动变革的强大力量。

家庭联产承包责任制改革使农村经济迅猛发展，商品经济的大门由此打开；设立经济特区，引进市场经济，使中国经济进入世界经济大循环……农村改革和特区开放，两端发力，神州大地卷入改革开放的大潮中。

新中国成立初期，经过社会主义改造，我国基本形成计划经济体制。计划经济体制虽有助于在短期内医治旧中国遗留下来的经济恶性波动，但伴随经济运行进入轨道，其僵化、低效的缺陷也逐渐暴露。20 世纪 50 年代至 70 年代，我国曾试图对计划经济体制作出一些调整，但框架内的修补改良难以根除体制痼疾。

改革开放的推进，进一步触及指令性计划体系的内核，更深层次的矛盾和问题随之出现。

确立社会主义市场经济体制

1982 年 9 月 1 日，在党的十二大开幕词中，邓小平提出“走自己的道路，建设有中国特色的社会主义”这一重大历史命题，为社会主义中国寻找自己的发展道路，亮出最鲜明的旗帜。

党的十二大报告强调"计划经济为主、市场调节为辅"的原则。但计划经济和商品经济的讨论，并未因此削弱。激烈的大辩论酝酿着经济改革的新变局。

1984年10月，党的十二届三中全会通过《中共中央关于经济体制改革的决定》，突破了把计划经济同商品经济对立的传统观念，明确社会主义经济是"公有制基础上的有计划的商品经济"。

改革的锋芒突破了计划经济体制后，并非一路坦途。20世纪80年代末90年代初，寄望于一步到位的价格闯关受挫。国内外复杂形势下，一些人把计划和市场的问题同社会主义制度联系起来，提出姓"社"还是姓"资"的问题。

1992年1月，北方冰雪未消、南方乍暖还寒，邓小平踏上历时35天、行程6 000多公里的南方之旅。

他指出，计划多一点还是市场多一点，不是社会主义与资本主义的本质区别。社会主义的本质，是解放生产力，发展生产力，消灭剥削，消除两极分化，最终达到共同富裕。

伟大时代孕育伟大理论，伟大理论指引伟大实践。

1992年10月12日，中国共产党第十四次全国代表大会在北京召开。党的十四大报告明确提出，经济体制改革的目标，是在坚持公有制和按劳分配为主体、其他经济成分和分配方式为补充的基础上，建立和完善社会主义市场经济体制。

开辟发展新境界

2013年11月，党的十八届三中全会召开，党对社会主义市场经济规律的认识和把握达到新的高度——"经济体制改革是全面深化改革的重点，核心问题是处理好政府和市场的关系，使市场在资源配置中起决定性作用和更好发挥政府作用"。

中国特色社会主义伟大实践中，党一直在实践拓展和认识深化中思考着政府和市场的关系；从市场对资源配置起辅助性作用到"起基础性作用"，再到"起决定性作用"，在理论的不断进步中，深刻塑造着社会主义市场经济的运行轨迹。

理论突破引领实践飞跃

改革开放40年来，我国市场主体从不足50万户增加到目前的1亿户以上，增长了200多倍，过去5年，市场主体数量增长近80%；现代市场体系逐步建立并不断完善，市场调节价的比重从1978年的3%上升到近98%，多层次资本市场逐渐形成，以“招拍挂”为主要形式的土地出让制度得以建立，市场发挥决定性作用的劳动力市场不断完善；国内生产总值年均增长约9.5%，经济总量增长200多倍，制造业总量连续多年稳居世界第一，市场供求格局发生根本性改变，商品短缺和凭证供应时代一去不复返；科技创新水平加速提升，2017年科技进步对经济增长的贡献率达到57.5%……

国家统计局报告指出，“伴随着市场化改革的不断推进，多种经济成分共同发展，市场在资源配置中的决定性作用初步显现”。

2017年10月，党的十九大报告提出加快完善社会主义市场经济体制的目标。强调经济体制改革必须以完善产权制度和要素市场化配置为重点，实现产权有效激励、要素自由流动、价格反应灵活、竞争公平有序、企业优胜劣汰。

党的十九大报告中，“使市场在资源配置中起决定性作用，更好发挥政府作用”这句表述，用“逗号”取代了党的十八届三中全会公报中的“和”字。

“一个标点之变，进一步宣示了党坚持社会主义市场经济改革方向的决心和立场。使市场在资源配置中起决定性作用，揭示了社会主义市场经济的本质要求，抓住了解决中国一系列现实问题的根本。”全国政协经济委员会副主任杨伟民说。

站在新的历史起点上，推动高质量发展、建设现代化经济体系的蓝图已经绘就，必将加快完善社会主义市场经济体制，进一步激发全社会创新创业活力，更好满足人民日益增长的美好生活需要，不断开辟中国特色社会主义发展的新境界。

【安蓓，故事，从大讨论开始——社会主义市场经济体制确立历程．新华网，2018年11月16日】

第八章

科学发展观

学习引导

学习目标

（1）掌握科学发展观的科学内涵。

（2）理解并掌握科学发展观的主要内容。

（3）认识科学发展观的历史地位。

学习重点

（1）科学发展观的科学内涵和精神实质。

（2）加快转变经济发展方式的原因。

（3）推进社会主义文化强国建设的措施。

（4）构建社会主义和谐社会的总要求和措施。

（5）全面提高党的建设科学化水平的总要求。

学习难点

（1）社会主义民主政治的本质和核心。

（2）发展社会主义民主政治的措施。

（3）建设生态文明的实质。

（4）推进生态文明建设的措施。

知识概括

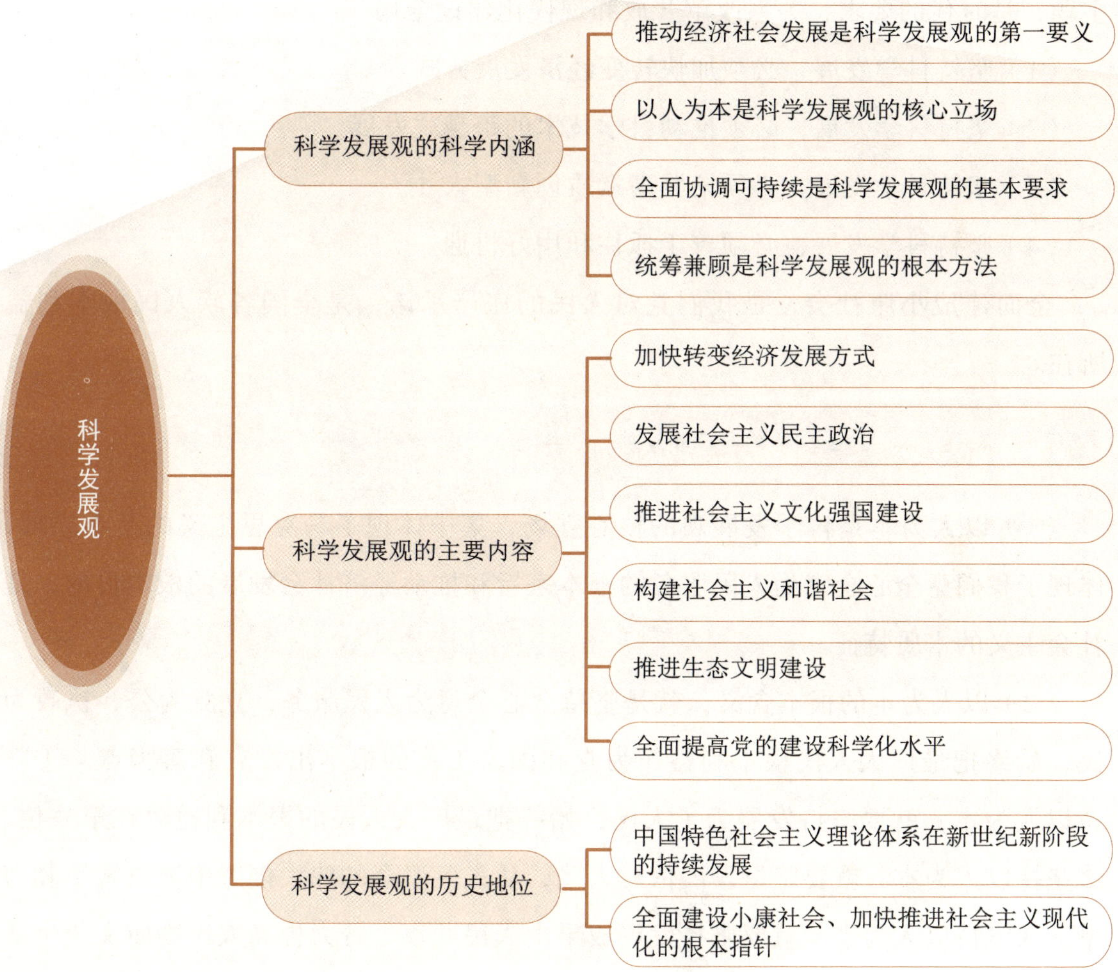

科学发展观

- 科学发展观的科学内涵
  - 推动经济社会发展是科学发展观的第一要义
  - 以人为本是科学发展观的核心立场
  - 全面协调可持续是科学发展观的基本要求
  - 统筹兼顾是科学发展观的根本方法
- 科学发展观的主要内容
  - 加快转变经济发展方式
  - 发展社会主义民主政治
  - 推进社会主义文化强国建设
  - 构建社会主义和谐社会
  - 推进生态文明建设
  - 全面提高党的建设科学化水平
- 科学发展观的历史地位
  - 中国特色社会主义理论体系在新世纪新阶段的持续发展
  - 全面建设小康社会、加快推进社会主义现代化的根本指针

一、科学发展观的科学内涵

科学发展观，第一要义是发展，核心立场是以人为本，基本要求是全面协调可持续，根本方法是统筹兼顾。

（一）推动经济社会发展是科学发展观的第一要义

在当代中国，坚持发展是硬道理的本质要求就是坚持科学发展。以科学发展为主题，是时代的要求，关系改革开放和现代化建设全局。

（1）坚持科学发展，必须加快转变经济发展方式。

（2）坚持科学发展，必须推动科学技术的跨越式发展。

（3）坚持科学发展，必须培养高素质创新型人才。

（4）坚持科学发展，必须善于抓住和用好机遇。

全面建成小康社会，是我们党对人民的庄严承诺，是全国各族人民根本利益所在。

（二）以人为本是科学发展观的核心立场

（1）以人为本是科学发展观的核心立场，集中体现了马克思主义的基本原理，体现了我们党全心全意为人民服务的根本宗旨和推动经济社会发展的根本目的，是社会主义的本质特征。

（2）以人为本的根本含义，就是坚持全心全意为人民服务，立党为公、执政为民，始终把最广大人民根本利益作为党和国家工作的根本出发点和落脚点。①坚持以人为本，就要坚持发展为了人民，始终把最广大人民的根本利益放在第一位。②坚持以人为本，就要坚持发展依靠人民，从人民群众的伟大创造中汲取智慧和力量。③坚持以人为本，就要坚持发展成果由人民共享，着力提高人民物质文化生活水平。④坚持以人为本，最终是为了实现人的全面发展。

（三）全面协调可持续是科学发展观的基本要求

（1）“全面”是指发展要有全面性、整体性，不仅经济发展，而且各个方面都要发展。坚持全面发展，就是要按照中国特色社会主义事业总体布局，正确认识和把握经济建设、政治建设、文化建设、社会建设、生态文明建设是相互联系、相互促进的有机统一体。

（2）“协调”是指发展要有协调性、均衡性，各个方面、各个环节的发展要相互适应、相互促进。坚持协调发展，就是要保证中国特色社会主义各个领域协调推进。

（3）“可持续”是指发展要有持久性、连续性，不仅当前要发展，而且要保证长远发展。坚持可持续发展，坚定走生产发展、生活富裕、生态良好的文明发展道路，还必须建设生态文明。坚持可持续发展，还必须建设生态文明。

（四）统筹兼顾是科学发展观的根本方法

（1）坚持统筹兼顾，必须正确认识和妥善处理中国特色社会主义事业中的重大关系。

（2）坚持统筹兼顾，必须认真考虑和对待各方面的发展需要，正确反映和兼顾各阶层、各群体的利益要求。

（3）坚持统筹兼顾，要牢牢掌握统筹兼顾的科学思想方法，努力提高战略思维、创新思维、辩证思维能力，不断增强统筹兼顾的本领，更好地推动科学发展。

（4）坚持统筹兼顾，还要求我们既立足当前，又着眼长远，做到兼顾各方、综合平衡。

二、科学发展观的主要内容

（一）加快转变经济发展方式

围绕加快转变经济发展方式，党强调了一系列重要思想观点：全面深化经济体制改革是加快转变经济发展方式的关键；实施创新驱动发展战略，是转变经济发展方式的重大战略决策；推动经济结构战略性调整，是提升国民经济整体素质、赢得国际经济竞争主动权的根本途径，是加快转变经济发展方式的主攻方向；促进区域协调发展是我国现代化建设中的一个重大战略；积极稳妥推进城镇化是优化城乡经济结构、促进国民经济良性循环和社会协调发展的重要措施；推动城乡发展一体化，是解决“三农”问题的根本途径；实现工业化、信息化、城镇化、农业现代化，是我国社会主义现代化建设的战略任务，也是加快形成新的经济发展方式、促进经济持续健康发展的重要动力。

（二）发展社会主义民主政治

社会主义民主政治的本质和核心是人民当家作主。发展社会主义民主政治，必须坚定不移地走中国特色社会主义政治发展道路。坚持中国特色社会主义政治发展道路，最根本的是要坚持党的领导、人民当家作主、依法治国有机统一，其中，党的领导是人民当家作主和依法治国的根本保证，人民当家作主是社会主义民主政治的本质和核心，依法治国是党领导人民治理国家的基本方略。

（三）推进社会主义文化强国建设

科学发展观强调，要树立高度的文化自觉和文化自信，兴起社会主义文化建设新高潮，提高国家文化软实力，加快建设与我国深厚文化底蕴和丰富文化资源相匹配、与中国特色社会主义事业总体布局相适应、与建设富强民主文明和谐的社会主义现代化国家的目标相承接的社会主义文化强国。

坚定不移走中国特色社会主义文化发展道路，坚持为人民服务、为社会主义服务的方向，坚持百花齐放、百家争鸣的方针，坚持贴近实际、贴近生活、贴近群众的原则，推动社会主义精神文明和物质文明全面发展，建设面向现代化、面向世界、面向未来的，民族的科学的大众的社会主义文化。

建设社会主义核心价值体系。要把社会主义核心价值体系融入国民教育、精神文明建设和党的建设全过程，贯穿改革开放和社会主义现代化建设各领域，体现到精神文化产品创作生产传播各方面，在全党全社会形成统一指导思想、共同理想信念、强大精神力量、基本道德规范。

坚持不懈用中国特色社会主义理论体系武装全党、教育人民。

加强新闻宣传工作。

繁荣文艺创作。

（四）构建社会主义和谐社会

（1）民主法治、公平正义、诚信友爱、充满活力、安定有序、人与自然和谐相处，是构建社会主义和谐社会的总要求。①民主法治，就是社会主义民主得到充分发扬，依法治国基本方略得到切实落实，各方面积极因素得到广泛调动。②公平正义，就是社会各方面的利益关系得到妥善调整，人民内部矛盾和其他社会矛盾得到正确处理，社会公平和正义得到切实维护和实现。③诚信友爱，就是全社会互帮互助、诚实守信，全体人民平等友爱、融洽相处。④充满活力，就是能够使一切有利于社会进步的创造愿望得到尊重，创造活动得到支持，创造才能得到发挥，创造成果得到肯定。⑤安定有序，就是社会组织机制健全，社会管理完善，社会秩序良好，人民群众安居乐业，社会保持安定团结。⑥人与自然和谐相处，就是生产发展，生活富裕，生态良好。

（2）保障和改善民生。一是优先发展教育。二是积极扩大就业。三是合理收入分配。四是完善社会保障。五是发展医药卫生。

（3）加强和创新社会管理。这是构建社会主义和谐社会的必然要求。

（五）推进生态文明建设

科学发展观强调，建设生态文明，实质上就是要建设以资源环境承载力为基础、以自然规律为准则、以可持续发展为目标的资源节约型、环境友好型社会。

推动形成人与自然和谐发展现代化建设新格局。一是珍惜每一寸国土。二是全面促进资源节约。三是加大生态环境保护力度。四是加快建立生态文明制度。

（六）全面提高党的建设科学化水平

党的建设是党领导的伟大事业不断取得胜利的重要法宝。

新形势下全面提高党的建设科学化水平的总要求：要增强紧迫感和责任感，牢牢把握加强党的执政能力建设、先进性和纯洁性建设这条主线，坚持解放思想、改革创新，坚持党要管党、从严治党，全面加强党的思想建设、组织建设、作风建设、反腐倡廉建设、制度建设，增强自我净化、自我完善、自我革新、自我提高能力，建设学习型、服务型、创新型的马克思主义执政党，确保党始终成为中国特色社会主义事业的坚强领导核心。

科学发展观强调，执政能力建设是党执政后的一项根本建设。

保持和发展党的先进性是马克思主义政党自身建设的根本任务和永恒课题。党的优良作风是党始终立于不败之地的重要保证。

三、科学发展观的历史地位

（一）中国特色社会主义理论体系在新世纪新阶段的接续发展

科学发展观是我们党坚持把马克思主义基本原理同当代中国实际和时代特征相结合，继续拓展中国特色社会主义实践，探索中国特色社会主义规律的理论成果，深化了对经济社会发展一般规律的认识，是马克思主义关于发展的世界观和方法论的集中体现，是中国特色社会主义理论体系的重要组成部分。

科学发展观强调坚持以经济建设为中心，把发展生产力作为首要任务，把经济发展作为一切发展的前提，体现了历史唯物主义关于生产力是人类社会发展的基础的观点。

科学发展观坚持以人为本，把人民群众作为推动发展的主体和基本力量，满足人民群众不断增长的物质文化需要，从最广大人民的根本利益出发谋发展、促发展，体现了历史唯物主义关于人民是历史发展主体和人的全面发展的观点。

科学发展观坚持全面发展和协调发展，强调全面推进经济建设、政治建设、文化建设、社会建设、生态文明建设，实现经济发展和社会全面进步，注重统筹城乡发展、区域发展、经济社会发展、人与自然和谐发展、国内发展和对外开放，体现了唯物辩证法关于事物之间普遍联系、辩证统一的基本原理。

科学发展观坚持可持续发展，强调要实现经济发展与人口、资源、环境相协调，保证一代接一代地永续发展，体现了辩证唯物主义关于人与自然关系的思想。

科学发展观把社会主义物质文明、政治文明、精神文明、和谐社会建设和人的全面发展看成相互联系的整体，把人类社会的发展看成生产力和生产关系、经济基础和上层建筑，社会生产各个部类、各个地域、各个方面，人与社会，当代与后代等彼此相互联系、相互促进、不可分割的过程。

科学发展观最鲜明的精神实质是解放思想、实事求是、与时俱进、求真务实。

（二）全面建设小康社会、加快推进社会主义现代化的根本指针

实践昭示我们，科学发展观不仅是指导经济建设的理论，而且是指导各方面建设的理论；不仅是指导发展的理论，而且是指导党和国家全部工作的理论；不仅是指导实践、推动工作的有力武器，而且是帮助人们认识和把握社会发展规律的世界观方法论。实践充分证明，科学发展观是指导全面建设小康社会、发展中国特色社会主义的正确理论。

学习自测

一、单项选择题

1．科学发展观基本要求是（　　）。

A．发展　　B．以人为本

C．全面协调可持续　　D．统筹兼顾

2．深入贯彻落实科学发展观，要全面推进社会主义（　　）。

A．经济建设、政治建设、文化建设

B．经济建设、政治建设、社会建设

C．经济建设、政治建设、文化建设、社会建设

D．经济建设、政治建设、文化建设、社会建设和生态文明建设

3．统筹经济社会发展，就要进一步发挥（　　）在促进就业、调节分配、完善社会保障、实现社会公平等方面的作用。

A．政府　　B．市场

C．企业　　D．公共组织

4．统筹人与自然和谐发展，就要坚持节约资源和保护环境的基本国策，处理好经济建设、人口增长与资源利用、生态环境保护的关系，增强（　　）的能力。

A．和谐发展　　B．文明发展

C. 可持续发展　　　　　　　　D. 和平发展

5. 全面协调可持续的基本要求既强调了经济社会发展各个方面相联系、相协调，也强调了（　　）相联系、相协调。

A. 人与人、人与社会　　　　　B. 人与社会、人与环境

C. 人与人、人与社会、人与环境　D. 人与人、人与社会、人与自然

6. 全面协调可持续的基本要求坚持了马克思主义关于（　　）发展的基本观点。

A. 人类　　　　　　　　　　　B. 人类社会

C. 经济　　　　　　　　　　　D. 自然

7. 坚持全面协调可持续发展，就要正确处理好（　　）的关系。

A. 经济发展与社会发展　　　　B. 经济发展与科技进步

C. 经济发展与供需平衡　　　　D. 经济发展与消费、投资拉动

8. 坚持全面协调可持续发展，就要统筹安排和处理好（　　）的关系等经济发展重大问题。

A. 消费和供给　　　　　　　　B. 发展的速度和结构、质量、效益

C. 市场机制和计划手段　　　　D. 国内经济发展与国际金融市场疲软

9. 坚持全面协调可持续发展，就要坚持把社会主义物质文明、政治文明、精神文明、和谐社会建设以及生态文明建设和人的全面发展，看成彼此（　　）的过程。

A. 对立统一、辩证互动

B. 互不影响、独立发展

C. 相互联系、相互促进、不可分割

D. 既相互联系，又在一定时期不受影响、独立发展

10. 深化政治体制改革，必须坚持正确的政治方向，要以（　　）为根本。

A. 保证人民当家作主　　　　　B. 坚持党的领导

C. 扩大社会主义民主　　　　　D. 一切权利属于人民

11. 全面协调可持续的基本要求，提出了解决城乡、区域、经济社会、人与自然发展不平衡、不协调问题的新思路，指明了我国（　　）发展的正确方向。

A．生产力　　B．生产关系

C．经济社会　　D．经济

12．坚持全面协调可持续基本要求，必须按照中国特色社会主义总体布局，（　　），不断促进经济社会发展和社会全面进步。

A．坚持四项基本原则　　B．坚持改革开放

C．坚持中国特色社会主义道路　　D．坚持以经济建设为中心

13．坚持全面协调可持续的基本要求，必须深刻认识加快经济发展的战略意义，坚定不移地促进国民经济（　　）发展。

A．又快又好　　B．又好又快

C．好快结合　　D．快好兼顾

14．中国特色社会主义事业由“三位一体”布局发展成为“四位一体”布局，其中增加了（　　）。

A．经济建设　　B．政治建设

C．文化建设　　D．社会建设

15．全面协调可持续中的全面是指发展要有（　　）。

A．全面性、系统性　　B．系统性、一致性

C．全面性、整体性　　D．整体性、一致性

16．全面协调可持续中的协调是指发展要有（　　）。

A．整体性、均衡性　　B．整体性、协调性

C．协调性、连续性　　D．协调性、均衡性

17．全面协调可持续中的可持续是指发展要有（　　）。

A．持久性、连续性　　B．持续性、创新性

C．连续性、创新性　　D．创新性、长远性

18．坚持全面协调可持续基本要求，必须坚持（　　）的文明发展道路。

A．生产发展、生活富裕、生态良好

B．经济发达、生活富裕、生态良好

C．经济发达、生活幸福、环境良好

D．生产发展、生活幸福、环境良好

19. 建设生态文明，是党的（　　）首次提出的一项重要战略任务。

A. 十六大　　B. 十六届三中全会

C. 十七大　　D. 十七届三中全会

20. 深入贯彻落实科学发展观，要求我们始终坚持（　　）。

A. 四项基本原则　　B. 改革开放

C. 以经济建设为中心　　D. “一个中心、两个基本点”

二、多项选择题

1. 从精神实质上看，科学发展观所强调的全面的、联系的、发展的观点，发展为了人民、发展依靠人民、发展成果由人民共享的理念，以及统筹兼顾的系统思维方式和思想方法，都是马克思主义关于发展的（　　）的集中体现。

A. 原理　　B. 立场

C. 观点　　D. 方法

2. 按照科学发展观的要求改进决策的方式方法，就要切实改变（　　）等错误做法。

A. 凭经验决策　　B. 凭主观决策

C. 用权力决策　　D. 凭印象决策

3. 要以科学发展观为指导，真正使广大干部做到（　　），不断为党和人民建立新的业绩。

A. 想干事　　B. 会干事　　C. 干好事　　D. 干成事

4. 中央要求，把用党的十七大精神和科学发展观武装头脑、指导实践、推动工作作为学习的（　　）。

A. 出发点　　B. 落脚点　　C. 切入点　　D. 结合点

5. 从实践要求上看，科学发展观是立足社会主义初级阶段基本国情、（　　）提出来的，是我们党在发展问题上的最新认识。

A. 总结我国发展实践　　B. 借鉴国外发展经验

C. 适应新的发展要求　　D. 总结概括各地做法

6. 只有用科学发展观理论武装起来，（　　），才能万众一心地朝着既定的目标奋勇前进，共同创造我们的幸福生活和美好未来。

A. 统一思想　　B. 凝聚力量

C. 坚定信念　　D. 振奋精神

7. 在全党开展深入学习实践科学发展观活动，必须进一步把握（　　）。

A. 共产党执政规律　　B. 社会主义建设规律

C. 人类社会发展规律　　D. 政治文明建设规律

8. 中共中央政治局会议要求，开展深入学习实践科学发展观活动要进一步（　　）。

A. 解放思想　　B. 实事求是

C. 与时俱进　　D. 改革创新

9. 必须依靠群众，充分发扬民主，采取多种方式深入群众，（　　），把群众满意作为检验活动成效的第一标准。

A. 倾听民声　　B. 了解民意

C. 集中民智　　D. 整合民力

10. 科学发展观，是对党的三代中央领导集体关于发展的重要思想的继承和发展，是马克思主义关于发展的世界观和方法论的集中体现，是同（　　）一脉相承又与时俱进的科学理论，是我国经济社会发展的重要指导方针，是发展中国特色社会主义必须坚持和贯彻的重大战略思想。

A. 马克思列宁主义　　B. 毛泽东思想

C. 邓小平理论　　D. “三个代表”重要思想

三、判断题

1. 科学发展观是马克思主义中国化第二次飞跃的理论成果。（　　）

2. 构建社会主义和谐社会是贯穿中国特色社会主义事业全过程的长期历史任务，是在发展的基础上正确处理各种社会矛盾的历史过程和社会结果。（　　）

3. 推进党内民主建设，要尊重领导干部主体地位，推进党务公开，营造党内民主讨论环境。（　　）

4. 深入贯彻落实科学发展观，要求我们始终坚持“一个中心、两个基本点”的基本路线。（　　）

5. 经济增长可能会浪费资源、破坏环境和牺牲子孙后代的利益，但只要经济

能够增长，其他都是次要的。（　　）

6．没有科学发展就没有社会和谐，没有社会和谐也可以实现科学发展。（　　）

7．科学发展观是指导发展的世界观和方法论的集中体现。（　　）

8．深入学习实践科学发展观，是在深刻变化的国际环境中推动和谐发展的迫切需要，是落实实现全面建设小康社会奋斗目标新要求的迫切需要，是以改革创新精神全面推进党的建设新的伟大工程的迫切需要。（　　）

9．调整经济结构和转变经济增长方式是落实科学发展观的必然要求。（　　）

10．全面落实科学发展观的本质要求是又好又快地发展。（　　）

四、简答题

1．如何理解科学发展观的科学内涵？

2．如何把握科学发展观的主要内容？

3．如何理解科学发展观的历史地位？

参考答案

一、单项选择题

1．C	2．D	3．A	4．C	5．D
6．B	7．C	8．B	9．C	10．A
11．C	12．D	13．B	14．D	15．C
16．D	17．A	18．A	19．C	20．D

二、多项选择题

1．BCD	2．ABD	3．ABCD	4．AB	5．ABC
6．ABCD	7．ABCD	8．ABCD	9．ABC	10．ABCD

三、判断题

1．×	2．√	3．×	4．√	5．×
6．×	7．√	8．√	9．√	10．√

四、简答题

1．提示：

（1）推动经济社会发展是科学发展观的第一要义。

（2）以人为本是科学发展观的核心立场。

（3）全面协调可持续是科学发展观的基本要求。

（4）统筹兼顾是科学发展观的根本方法。

2．提示：

（1）加快转变经济发展方式。

（2）发展社会主义民主政治。

（3）推进社会主义文化强国建设。

（4）构建社会主义和谐社会。

（5）推进生态文明建设。

（6）全面提高党的建设科学化水平。

3．提示：

（1）科学发展观是我们党坚持把马克思主义基本原理同当代中国实际和时代特征相结合，继续拓展中国特色社会主义实践，探索中国特色社会主义规律的理论成果，深化了对经济社会发展一般规律的认识，是马克思主义关于发展的世界观和方法论的集中体现，是中国特色社会主义理论体系的重要组成部分。

科学发展观强调以经济建设为中心，把发展生产力作为首要任务，把经济发展作为一切发展的前提，体现了历史唯物主义关于生产力是人类社会发展的基础的观点。

科学发展观坚持以人为本，把人民群众作为推动发展的主体和基本力量，满足人民群众不断增长的物质文化需要，从最广大人民的根本利益出发谋发展、促发展，体现了历史唯物主义关于人民是历史发展主体和人的全面发展的观点。

科学发展观坚持全面发展和协调发展，强调全面推进经济建设、政治建设、文化建设、社会建设、生态文明建设，实现经济发展和社会全面进步，注重统筹城乡发展、区域发展、经济社会发展、人与自然和谐发展、国内发展和对外开放，体现了唯物辩证法关于事物之间普遍联系、辩证统一的基本原理。

科学发展观坚持可持续发展，强调要实现经济发展与人口、资源、环境相协调，保证一代接一代地永续发展，体现了辩证唯物主义关于人与自然关系的思想。

科学发展观把社会主义物质文明、政治文明、精神文明、和谐社会建设和人的全面发展看成相互联系的整体，把人类社会的发展看成生产力和生产关系、经济基础和上层建筑，社会生产各个部类、各个地域、各个方面，人与社会，当代与后代等彼此相互联系、相互促进、不可分割的过程。

科学发展观最鲜明的精神实质是解放思想、实事求是、与时俱进、求真务实。

（2）全面建设小康社会、加快推进社会主义现代化的根本指针。实践昭示我们，科学发展观不仅是指导经济建设的理论，而且是指导各方面建设的理论；不仅是指导发展的理论，而且是指导党和国家各项工作的理论；不仅是指导实践、推动工作的有力武器，而且是帮助人们认识和把握社会发展规律的世界观方法论。实践充分证明，科学发展观是指导全面建成小康社会、发展中国特色社会主义的正确理论。

实践进行时

积极行动　创建低碳校园

实践项目

围绕“低碳行动”搜集资料，制作PPT宣传片。

实践方案

一、活动目的

通过广泛的宣传、调查，让学生了解“碳排放”“低碳生活”“节能减排”等概念，培养学生节能减排、保护环境以及关心社会热点问题的意识。

二、活动方案

时间：课余时间完成。

地点：图书馆。

方式：分小组进行。

流程：

（1）分组。5人一组，每组选出一名组长。

（2）各组学生通过阅读图书馆书籍、网络搜索等途径，搜集有关过高的碳排放给环境造成的影响的相关资料。

（3）将所搜集的资料整理制作成PPT，在课堂上展示。

（4）实践活动后，每位同学根据自己的学习生活情况，参考低碳生活建议，列出个人的“低碳生活”计划。

拓展阅读

点赞中国·爱国、敬业、诚信、友善：看，这就是诚信的力量

“等小蓉铧的病治好了，你也就熬出头了。”2014年8月1日，广东三九脑科医院，广东公益恤孤助学促进会代会长王颂汤将2万元善款支票交到脑瘫儿许蓉铧的母亲许翠芳手中。

因为脑瘫，小蓉铧自出生便不被父亲接纳。11年来，母亲许翠芳含辛茹苦独自抚养他长大。小蓉铧虽然运动机能低下，但学习成绩却一直名列前茅，对母亲是莫大的安慰。近两年，许蓉铧病情加重，走路越来越不稳。平时靠打零工过活的许翠芳“能借的都借了”，虽然筹集了手术费用，但后续的治疗费用仍是难题。

10年前，从广东远洋运输公司总经理位置上退下的王颂汤，和一个老客户聊天时谈到，广东虽然经济发展迅速，可仍有不少贫困家庭的孩子面临失学的困境。“王总，要不你办一个基金会吧，专门资助失学儿童……现在很多基金会我不放心，如果你做，我第一个捐钱。”老友的这句话让王颂汤决定将慈善当作事业来做，而不是仅仅自己捐钱。

10年后，广东公益恤孤助学促进会已经成为本地公益社团的一面旗帜：截至2014年7月20日，共筹得7 899万元善款，2 090名志愿者走遍广东34个县（区、市）的每一个村落，资助18 410名孤贫学子，每名学生资助标准为3 000元，救助了408名重症病童，举办了一系列的成长关怀活动……

76岁的王颂汤几乎每天都会到恤孤助学促进会办公室“上班”一整天。办公室是原单位“赞助”的，在5楼，没有电梯，身受腰椎间盘突出之苦的王颂汤上下已

经有些吃力，他说：“我会一直做到身体不允许做了，爬不动楼梯了，走不动路了。你看，我这里还有人，他们会继续做下去。”

“诚信，是慈善事业的生命，一种不花本钱的投资，而且回报很高。促进会成立之时只有发起人的几万元注册资金和两名志愿者，我们能有今天，最根本的原因是得到社会各界的认同和信任。”王颂汤说。打开促进会的网站，一封给捐款人的公开信非常醒目：欢迎捐款人在不通知我们的情况下，随时派律师或财会人员前来查询、审核。2008 年，促进会主动聘请会计师事务所对成立以来的财务状况进行审计。审计结束后，会计师们纷纷捐款，成了恤孤会的志愿者。“看，这就是诚信的力量。”王颂汤说。

“募捐来的资助款，除了给帮扶对象，谁都不能碰。开展公益项目的工作经费、专职人员的工资不从募捐款中提留，而是由理事、友人捐助。本会领导不领取任何报酬。社会募捐和资助情况全部上网公示，我把这称为‘裸身慈善’。”这是王颂汤最大的坚持。

【王尧，点赞中国·爱国、敬业、诚信、友善：看，这就是诚信的力量．人民网，2014 年 8 月 27 日】